pfeiffer

Über den Autor

Gisbert Kranz, Dr. phil., geb. 1921, Literaturwissenschaftler und Theologe. Buchveröffentlichungen u. a.: »Das göttliche Lachen« (1970); »Liebe und Erkenntnis« (1972); »C. S. Lewis. Studien zu Leben und Werk« (1974); »Sie lebten das Christentum. 28 Biographien« (4. Aufl. 1978); »Lexikon der christlichen Weltliteratur« (1978).

Gisbert Kranz

Schmunzelkatechismus

Eine heitere Theologie

Verlag J. Pfeiffer · München

6. Auflage 1996

Druck: G. J. Manz, Dillingen/Donau
Umschlagentwurf und Illustrationen: Barbara Bös
ISBN 3-7904-0273-7

Inhalt

Vorwort

Es gibt Leute, die meinen, über Glaubensdinge dürfe man nur in erhabenen Tönen, salbungsvoll, feierlich oder wenigstens ernst sprechen. Wenn sie Prediger oder Religionslehrer sind, muß man ihre Zuhörer bedauern.

Die erfolgreichsten religiösen Erzieher, unter ihnen Filippo Neri, Johann Michael Sailer, Giovanni Bosco und Charles Haddon Spurgeon, handelten anders. Wenn sie sprachen, wußten ihre Zuhörer: Es darf gelacht werden. Neri machte ausgiebig Gebrauch von Arlottos Fazetien, einer Schwanksammlung jener Zeit. Der Heilige war der Ansicht, ein heiteres Gemüt erreiche die christliche Vollkommenheit leichter als ein melancholisches. Chesterton sagte, der Teufel sei der Geist der Schwere, der nach unten ziehe; die Leichtigkeit dagegen, die nach oben schwebe und ziehe, sei Sache der Engel. (Über das Lachen der Heiligen habe ich in meinem Buch »Das göttliche Lachen«, Echter-Verlag 1970, geschrieben.)

Die Prediger des Mittelalters und des Barock verstanden das *ridentem dicere verum* und würzten ihre Kanzelreden mit zahllosen Geschichtchen, die sie oft der weltlichen Literatur entnahmen und die ihren Zuhörern ein Schmunzeln oder gar ein lautes Lachen entlockten. Namentlich zu Ostern war es mancherorts üblich, durch einige auf der Kanzel erzählte Ostermärlein ein fröhliches Lachen, den »risus paschalis«, hervorzurufen. Die Predigten von Berthold von Regensburg, Bernhardin von Siena, Geiler von Kaisersberg und Abraham a Sancta Clara sind reich an witzigen Histörchen, Anekdoten und Schnurren, die dem Volk religiöse oder sittliche Wahrheiten schlaglichtartig nahebrachten. Das erste Schwankbuch, das im deutschen Sprachgebiet gedruckt wurde, stammt von einem Geistlichen: dem Barfüßermönch Johannes Pauli. Seine Sammlung »Schimpf (d. h. Scherz) und Ernst«, die 1522 erschien, war ein Bombenerfolg.

Alle diese Volksprediger und Volksschriftsteller konnten sich für ihre Gepflogenheit, pointierte Beispiele zu bringen, auf Jesus berufen, dessen Reden größtenteils aus Beispielerzählungen und Parabeln bestanden und auch witzige Bonmots nicht verschmähten wie das von den Schriftgelehrten, die Mücken seihen, aber Kamele verschlucken, oder das von dem Splitter im Auge des Nächsten, den man sieht, und dem Balken im eigenen Auge, den man nicht sieht. Haben die Zuhörer Jesu nicht gelächelt, als sie die Geschichte von jenem ungerechten Richter hörten, der eine Witwe mit ihrer Klage zuerst nicht vorlassen wollte, sie aber schließlich doch aus Angst anhörte: »sonst kommt sie noch am End und schlägt mich ins Gesicht« (Lk 18)?

Paulus wünscht, daß die Rede der Christen »allzeit liebenswürdig, mit Salz gewürzt« sei (Kol 4, 6). Er hätte wohl nichts dagegen einzuwenden, wenn ein Verkündiger der Frohen Botschaft seine Predigt oder seinen Unterricht mit einer heiteren Geschichte beginnt oder schließt. Das wirkt entspannend, löst Seelenkrampf und macht zur Aufnahme des Wortes Gottes geneigter.

Manche der hier gebotenen Scherze kann der Prediger oder Katechet als »Aufhänger« benutzen und so dem Lachen die Besinnung folgen lassen; oder als »Nachtisch« servieren, so daß die Besinnung in strahlende Heiterkeit mündet. Was könnte für Seele und Geist erfrischender sein als solches Lachen!

Die hier versammelten Witze, Histörchen, Anekdoten, Schwänke, Legenden, Parabeln, Fabeln, Epigramme, Schnurren, Dönekens, Verzellches und Krätzcher haben das gemeinsam, daß ihre Pointe auf eine Wahrheit des Glaubens oder der Sittenlehre zielt. Das unterscheidet dieses Büchlein von den vielen Sammlungen christlichen, kirchlichen oder klerikalen Humors, deren einzige Beziehung zum Christentum darin besteht, daß die Helden ihrer Anekdoten und Witze Geistliche, Theologen oder Heilige sind, deren Schlagfertigkeit oder gute Laune belustigt, oder Kinder im Religionsunterricht, deren drollige Antworten auf komische Weise verraten, wie sehr sie den Katecheten mißverstanden haben. Dergleichen Jux ist nicht zu verachten. »Die Krone aber gebührt den Witzen, die das Heilige aufleuchten lassen, aus denen man über Glauben und Liebe mehr erfahren kann als aus ganzen Regalen theologischer Bibliotheken« (Carlo Schmid).

Eine »Theologie in Witzen« also? Ja, soweit das möglich ist. Denn nicht alle Gegenstände der Theologie lassen sich so illustrieren. Über die Trinität z. B. kenne ich, abgesehen von spöttischen Albernheiten, nur zwei Legenden, deren Pointen nicht besonders erleuchtend sind: die vom heiligen Augustinus, den ein Kind belehrt, dieses Geheimnis gehe ebenso *schwer* in seinen Kopf wie das Meer in ein Sandgrübchen; und die vom heiligen Patrick, der den Iren anhand eines Kleeblatts deutlich machte, wie *leicht* es sei, zu verstehen, daß *drei* Personen *ein* Gott sind.

Einen ersten Versuch veröffentlichte ich 1971. Das kleine Buch fand Anklang und war bald vergriffen. Ich sammelte weiter Einschlägiges: Gehörtes oder Gelesenes. So entstand diese neue, weit umfangreichere Sammlung, die einiges aus dem alten Büchlein, sprachlich neugeformt, übernimmt.

Die Pointen blitzen oft aus einer Überraschung hervor, manchmal aus einem Mißverständnis, zuweilen *e contrario;* stets beleuchten sie eine tiefere Wirklichkeit. Hier lachen heißt nicht, der Christ nehme seinen Glauben selbst nicht ernst. Er macht sich, wie Helmut Thielicke einmal schrieb, nur über Vorletztes lustig; das Letzte bleibt ihm unantastbar. Gerade im Lachen über das Vordergründige kann das Hintergründige hervortreten. Dadurch, daß das Nachgeordnete relativiert und lächerlich wird, rückt das Übergeordnete in den blendenden Glanz des Absoluten. »Letzter Ernst ist nie ohne eine Dosis Humor«, schrieb Dietrich Bonhoeffer in seiner Gefängniszelle; ich möchte ergänzen: Und Humor ist nie ohne letzten Ernst.

Aberglaube

Horror vacui

Glaube, dem die Tür versagt,
Steigt als Aberglaub' ins Fenster.
Wenn ihr Gott vom Haus verjagt,
Kommen die Gespenster.

Astrologie

Der spanische Dichter Quevedo sieht in einem Traum der Reihe nach alle möglichen sündigen Narren beim Jüngsten Gericht zur Hölle fahren.

»Am Schluß trat ein Astrologe, mit Astrolabien und Himmelsgloben beladen, herein, der schrie, man habe sich geirrt; an diesem Tage könne nicht das Weltgericht sein, denn Saturn habe seine Kreise noch nicht vollendet, auch sei sein eigenes Urteil und sein Verstand noch in Trepidation begriffen. Ein Teufel drehte sich um, sah, wie hoch er mit Holz und Papier beladen war, und sagte: ›Ihr bringt gleich das Brennholz mit, als hättet Ihr geahnt, daß Ihr zur Hölle fahren werdet. Nachdem Ihr im Leben von so vielen Himmeln zu reden gewußt habt, fehlt Euch beim Tode ein einziger.‹«

Allgegenwart Gottes

Nirgendwo

Ein französischer Bischof zur Zeit Ludwigs XIV. besuchte ein Haus. Er wandte sich an den achtjährigen Sohn der Familie, indem er eine Orange aus einem Körbchen auf dem Tisch nahm:

»Kind, ich will dir diese Orange geben, wenn du mir sagst, wo Gott ist.«

Der Junge erwiderte:
»Und ich, Monseigneur, werde Ihnen den ganzen Korb voll Orangen geben, wenn Sie mir sagen, wo Gott nicht ist.«

Nur bis zur Pfarrgrenze

Der alte Schulte Eickholt fuhr den Pastor auf seinem Jagdwagen nach Münster hin. Wenn sie an einem Wegkreuz vorüberkamen, machten beide ihre Reverenz: Der Schulte lüpfte die Kappe und der Pastor den Hut. Sie waren so ein Stündchen unterwegs, da stand wieder ein Kreuz am Weg. Der Pastor zog den Hut, doch der Schulte ließ seine Kappe sitzen und guckte den Pastor an, als wollte er sagen: Der ist wohl nicht recht bei Trost.
Das nächste Kreuz kam. Der Pastor nahm den Hut ab. Da sagte der Schulte:
»Ji draimt woll, dat ji nao vüör jedde Krüß den Hot afniemmt. Wi sind doch längst ut use Kiärspel herut.«
(Ihr träumt wohl! Was nehmt Ihr vor jedem Kreuz den Hut ab? Wir sind doch längst aus unserem Kirchspiel heraus.)

Arbeit

Fluch oder Segen?

»Die bürgerliche Gesellschaft, deren Teil wir sind«, sagt Mairena zu seinen Schülern, »neigt dazu, die Arbeit zu adeln. Die Arbeit soll nicht das harte Gesetz sein, das Gott dem Menschen nach dem Sündenfall auferlegte. Statt einer Strafe sollen wir in ihr eine Segnung des Himmels erblicken. Gleichwohl hat man nie so häufig wie heute gesagt: ›Wer nicht arbeitet, soll auch nicht essen.‹ Dieser ganz und gar biblische Satz schließt einen unerklärlichen Haß auf die Müßiggänger in sich, die uns doch mit ihrem Müßiggang die Möglichkeit verschaffen, unser Glück zu steigern und über das Soll hinaus zu arbeiten.«

Einer von Mairenas Schülern machte folgende Bemerkung zum Meister: »Der Arbeiter haßt den Müßiggänger nicht, weil die Faulenzerei die Arbeit der Fleißigen vermehrte, sondern weil sie ihren Verdienst schmälert und es nicht gerecht ist, daß der Müßige, wie der Arbeiter, Anteil an den Früchten der Arbeit hat.«

»Sehr gut, Herr Martínez. Ich sehe, Sie argumentieren nicht schlecht. Halten wir jedoch fest, daß sich der Arbeiter nicht mit dem Vergnügen an der Arbeit zufriedengibt; er verlangt außerdem die ungeschmälerten Früchte seiner Arbeit. Aber warum sollten nicht jene irdischen Güter, die Gott umsonst gibt, unter Arbeiter und Müßiggänger aufgeteilt werden, wodurch der arme Kerl von Faulpelz ein wenig gebessert würde, damit er eine Entschädigung für die Traurigkeit seines Nichtstuns hat?«

»Weil Gott nichts umsonst gibt, Herr Doktor, da er uns sogar unser eigenes Leben nur unter der Bedingung zugesteht, daß wir es uns mit Arbeit verdienen.«

»Sehr gut. Da wären wir also von neuem bei der biblischen Auffassung von der Arbeit angelangt: einem harten Gesetz, dem Gott alle Menschen unterwirft. Ich wollte euch gerade als Klassenarbeit einen Hymnus auf die Arbeit vorschlagen, der nicht dazu beitragen soll, den Arbeiter wie ein Sträflingslied traurig zu stimmen, aber ebensowenig Freuden besingen kann, die der Arbeiter gar nicht empfindet. Vor allem klinge unser Hymnus nicht wie das Lied eines Sklavenhalters, der den Sklaven anschreit, damit er sein Soll überschreitet.«

(Antonio Machado)

Atheismus

Unglaube

In einer Gesellschaft erging sich ein Intellektueller in heftigen Ausfällen gegen Christentum und Kirche und brüstete sich lang und laut seines Unglaubens. Da wandte sich ein Herr an den Atheisten und sagte:

»Ob Sie an Gott glauben oder nicht, das ist nicht so wichtig. Viel wichtiger ist eine andere Frage.«
»Nämlich?«
»Ob Gott an Sie glaubt.«

Gottlose

Ein Kaplan schimpfte über die Gottlosen.
Da bemerkte eine Dame:
»Auf der ganzen Erde gibt es keine Gottlosen.«
»Aber ich bitte Sie«, protestierte der Kaplan, »denken Sie nur an Rußland.«
»Auch dort gibt es keine Gottlosen«, beharrte die Dame. »Denn solange ein Mensch lebt, bleibt Gott ihm nah, auch wenn er es nicht weiß oder nicht will; niemals wird er Gott los.«

Ungeahnt

Ich traf zwei Bekannte auf der Straße und kam mit ihnen ins Gespräch. Der eine ging wieder weiter, nachdem er gesagt hatte:
»Ich bin, Gott sei Dank, Atheist. Herrje, es schlägt schon sechs! Ich muß gehn. Tschüs!«
Der andere blickte ihm gedankenvoll nach und sagte: »Einen frömmeren Mann sah ich nie.«
»Wieso?« meinte ich, »der glaubt doch nichts.«
»In nur zwölf Wörtern brachte er es fertig, dreimal fromm zu sein: Er dankte Gott; er rief den Herrn Jesus an, wobei er aus Ehrfurcht vor dem heiligsten Namen die zweite Silbe wegließ; und schließlich befahl er uns beide Gott, denn ›Tschüs‹ kommt vom französischen ›à Dieu‹.«

Auferstehung

Am Jüngsten Tag

Friedrich II. erhielt ein Aktenstück vorgelegt, in dem die Absetzung eines Geistlichen verlangt wurde. Der sei ein Freigeist und habe geäußert, daß er an die Auferstehung am Jüngsten Tage nicht glaube.
Der König setzte an den Rand der Eingabe eine seiner berühmten Marginalien:
»Ist Seyne Sache! Wenn Er nicht auferstehen will, so soll Er doch Meynetwegen am Jüngsten Tage liegenbleiben!«

Verbesserte Auflage

Benjamin Franklin, der als Buchdrucker anfing und später ein berühmter Naturforscher, Schriftsteller, Politiker und Diplomat wurde, verfaßte für sich folgende Grabinschrift:

Der Körper
Benjamin Franklins, eines Druckers,
liegt hier gleich dem Band eines alten Buches,
dessen Blätter zerrissen,
dessen Titel und Vergoldung verblaßt sind,
den Würmern zur Speise.
Das Werk selbst soll aber nicht verlorengehn,
sondern – so hofft er – noch einmal erscheinen
in einer neuen, schönen Ausgabe
verbessert
vom Verfasser.

Dabeisein!

Bernanos zeichnete sein eigenes Grab, mit einer Tafel, auf der zu lesen ist:
»Der Engel des Jüngsten Gerichts wird gebeten, die Posaune kräftig zu blasen. Der Verstorbene ist schwerhörig.«

Barmherzigkeit

Fehlende Solidarität

Es lebte einmal eine alte Frau, die war sehr, sehr böse und starb. Diese Alte hatte in ihrem Leben keine einzige gute Tat vollbracht. Da kamen dann die Teufel, packten sie und warfen sie in den Feuersee.
Ihr Schutzengel stand da und dachte: Kann ich mich denn keiner einzigen guten Tat von ihr erinnern, um sie Gott mitzuteilen? Da fiel ihm etwas ein, und er sagte zu Gott: »Sie hat einmal in ihrem Gemüsegärtchen ein Zwiebelchen herausgerissen und es einer Bettlerin geschenkt.« Und Gott antwortete ihm: »Dann nimm dieses Zwiebelchen und halte es ihr hin in den See, so daß sie es ergreifen kann, und wenn du sie daran aus dem See herausziehen kannst, so möge sie ins Paradies eingehen. Wenn aber das Pflänzchen abreißt, soll sie bleiben, wo sie ist.«
Der Engel lief zur Frau und hielt ihr das Zwiebelchen hin: »Hier, faß an, wir wollen sehn, ob ich dich herausziehn kann!« Und er begann vorsichtig zu ziehn und hatte sie beinah schon ganz herausgezogen. Aber da merkten es die andern Sünder im See, und wie sie das sahen, klammerten sie sich alle an sie, damit man auch sie mit ihr zusammen herauszöge.
Aber die Frau war böse, sehr böse und stieß sie mit den Füßen zurück und schrie: »Nur mich allein soll man herausziehn und nicht euch, es ist mein Zwiebelchen und nicht eures!« Kaum hatte sie das gesagt, da riß das Pflänzchen entzwei. Und die Frau fiel in den Feuersee zurück und brennt dort noch heute. (F. M. Dostojewskij)

Garantie

Der irische Dechant Jonathan Swift wurde einmal aufgefordert, eine kurze und kräftige Predigt zur Förderung eines wohltätigen Zwecks zu halten.

Swift trat auf die Kanzel und sagte:
»Sprüche Salomonis, neunzehntes Kapitel, Vers siebzehn: ›Wer sich des Armen erbarmt, der leiht dem Herrn, der seine Guttat lohnen wird.‹ Die Bürgschaft ist gut, also her mit eurem Geld!«

Beichten

Unsinn

Pater Konrad war ein Original. Sein Lieblingswort war ›Unsinn‹.
Einmal kam ein junger Mann zum Beichten:
»Herr Pater, ich bin Philosophiestudent im letzten Semester und habe gewaltige Glaubenszweifel.«
»Unsinn!« sagte Pater Konrad. »Ein Depp bist, weil du dich in die Zweifel einläßt.«
Dann kam ein älterer Herr in den Beichtstuhl:
»Herr Pater, ich bin Medizinalrat . . .«
»Unsinn!« brummte der Pater. »Ein armer Sünder sind S', sonst nichts.«
Eine exaltierte Frau gestand ihm:
»Herr Pater, ich halte es nicht mehr aus, ich geh' ins Wasser.«
»Unsinn! Es ist ja viel zu kalt.«

Beten

Absicht erkannt

Am Versöhnungstag pflegt die Synagoge überfüllt zu sein, und man muß Eintrittsgeld zahlen. Vor der Tür steht der Schammes und kontrolliert, daß keiner ohne Karte hereinkommt.
Da stürzt Süßmilch auf ihn zu und ruft:
»Lassen Sie mich für einen Moment so herein. Ich will bloß meinem Freund Grün was Wichtiges sagen.«

Der Schammes schaut ihn an und liest ihm die Absicht vom Gesicht ab:
»Dieb! Du willst beten!«

Schmarotzer

Irgendwo in Irland.
Eines Nachmittags eilt ein kleiner Junge das Seitenschiff seiner Pfarrkirche hinab. In seiner Faust hält er etwas fest – eine Münze, die er in einen Kasten fallen läßt. Er nimmt eine Votivkerze, steckt sie auf den Ständer, zündet sie an und kniet sich hin.

Ein Mann kniet sich einen Meter entfernt hin. Der Junge bemerkt ihn bald, hält aber zunächst seine Augen auf den Altar gerichtet. Nach ein paar Minuten beugt er sich hinüber und flüstert vorwurfsvoll:
»Sie! Rutschen Sie weiter weg! Beten Sie an Ihrer eigenen Kerze!«

Ora et labora

Ein Fuhrmann saß im Schlamme fest
mit seiner Fracht. Das nächste Nest
fünf Meilen fern. Kein Mensch ringsum.
Der Abend nah, der Tag bald um.
Voll Wut verflucht er fürchterlich
Pferd, Straße, Wagen, Welt und sich.
Zuletzt fleht leise er zu Gott:
»Hilf! Mach den Karren wieder flott!«
Da hört er eines Engels Stimme:
»Gott will nicht, daß man rasch ergrimme.
Selbst ist der Mann! Sei rührig, rege!
Wo liegt das Hindernis im Wege?
Schau nach! Die Achsen sind voll Dreck.
Schaff erst den Schlamm von ihnen weg!
Schütt Steine in das Loch! Getan?«
»Ja.« – »Nun die Peitsche!« – »Ja.« – »Treib an!«
Hauruck! Hü hott! Und was passiert?
Der Karren läuft wie frisch geschmiert.
»Nun«, ruft es, »merkst du was, du Lümmel?
Hilf du dir selbst, dann hilft der Himmel.«

(Nach La Fontaine)

Auch das

Ein Passagierschiff ist gesunken. Menschen kämpfen im Wasser um ihr Leben.
Ein Mann taucht aus der Flut, wirft die Arme hoch und schreit:
»Gott, rette mich!«
Da ruft ihm ein anderer zu:
»Du mußt auch *schwimmen!*«

Nutzlos

Die Leute eines Eifeldorfes ziehen jährlich mit der Bittprozession über die Felder um Gottes Segen für die Saat.

Als sie dabei einmal an ein ganz armseliges Stück Land kamen, sagte der Pfarrer kopfschüttelnd:
»Dir Jongen, laot us umkehren, hei notzt et Betten neist, hei moß gemast gän.«
(Ihr Jungen, laßt uns umkehren, hier nutzt Beten nichts, hier muß gedüngt werden.)

Therapeutisches

»Was denkst du dir eigentlich«, sagte die Gattin zum Gatten. »Ich bet' und bet', daß du gesund wirst, und du läufst bei diesem Wetter ohne Paletot ins Freie! Ich mache mich ja direkt lächerlich vor dem lieben Gott!«

Gegenwirkung

In der Börse zu Bremen wird der alte Konsul C. gefragt, wie es seinem Sohn gehe.
»Och, der is dscha nach Chicago hin.«
»Ich weiß. Na, was macht er da?«
»Och, danke, ganz gut. Viel verdienen tut er dscha noch nich; aber das soll denn dscha woll noch werden. Geheiratet hat er da dscha auch. Will ich nix gegen sagen; is'n anständiges Mädchen. Ganz gute Familie. Geld is d'r nich; sind Puritaner. Kinner haben se nich. Er schreibt, sie beten da dscheden Abend um, daß se welche kriegen. Liegt mir nix an; kost' mich dscha man mein Geld. Ich bet'r dscheden Abend gegen an.«

Rache

»Himmel«, sagt Frau Huber ihrem Mann, »wir haben vergessen, Tante Kathi zu unserem Gartenfest einzuladen! Ruf sie doch gleich an, sie möchte kommen.«
Herr Huber geht sofort ans Telefon und entschuldigt sich ausführlich wegen der verspäteten Einladung.

»Ich wußte schon davon«, unterbricht ihn die Tante, »aber ich komme nicht. Jetzt ist es zu spät. Ich habe schon um Regen gebetet.«

Gott als Lückenbüsser

Mutter pflegt mit dem neunjährigen Peter vor dem Schlafengehen zu beten. Eines Abends traut sie ihren Ohren nicht, als er weiterbetet: »Liewer Gott, mach aa, daß Mannem die Hauptstadt vunn Deutschland is.«
»Ja, Peter«, ruft sie entgeistert, »wie kummsch'n do druff?«
»Ha, weil isch des doch in meim Erdkundeuffsatz geschriwwe hab.«

Christentum

Erfolg

Ein portugiesischer Seifenfabrikant sagte einem Priester: »Das Christentum hat nichts erreicht. Obwohl es schon bald zweitausend Jahre gepredigt wird, ist die Welt nicht besser geworden. Es gibt immer noch Böses und böse Menschen.«
Der Priester wies auf ein ungewöhnlich schmutziges Kind, das am Straßenrand im Dreck spielte, und bemerkte:
»Seife hat nichts erreicht. Es gibt immer noch Schmutz und schmutzige Menschen in der Welt.«
»Seife«, entgegnete der Fabrikant, »nutzt nur, wenn sie angewendet wird.«
Der Priester antwortete:
»Christentum auch.«

Zu verkraften

Zwei Studienfreunde sahen sich nach vielen Jahren wieder.

»Was ist eigentlich aus deinen kirchengeschichtlichen Studien geworden?« fragte der eine. »Du hattest doch den Plan, Stoff zu sammeln, um die Verruchtheit des Christentums zu beweisen, nicht wahr?«

»Ja«, antwortete der andere, »ein Buch, das den Leser dazu bringen sollte, mit mir zu schreien: Ecrasez l'infame! Es ist nicht dazu gekommen.«

»Wieso? Ist die chronique scandaleuse nicht umfangreich genug?«

»Im Gegenteil. Was mich störte, ist ja gerade dies: Sie ist *zu* umfangreich. Sie ist geradezu überwältigend. An seinen Feinden, den Neros und den Voltaires, ist das Christentum nicht zugrunde gegangen. Aber an seinen offiziellen Vertretern, den üblen Geistlichen, schlechten Päpsten und Häresiarchen hätte es längst zugrunde gehen müssen. Denkste! Es ist immer noch da! Eine Religion, die so viele Spaltungen und Schismen aushielt, eine Religion, die an den Lastern ihrer Prediger nicht kaputtging, eine solche Religion muß mehr als Menschenwerk sein. Alles, was ich an Beweisen gegen das Christentum zusammentrug, bewies mir schließlich die Wahrheit des Christentums.«

Christus in allen Menschen

Folgerichtig

Religionsunterricht im dritten Schuljahr. Ein Junge war von der Wirklichkeit, daß Christus in allen Menschen wohnt, so gepackt, daß er fragte:

»Muß ich dann nicht zu allen Menschen Jesus sagen?«

Angewandte Exegese

Ich, Frater Johannes Pauli, habe einen Bauern gekannt, der war ein grober Kegel und hieß Hans Werner; der konnte lesen und konnte schier die ganze Bibel auswendig, und wo er hinkam, disputierte er mit den Priestern: »Wo steht das in der Bibel und jenes?«

Einmal kam er an des von Württemberg Hof gen Stuttgart. Die Doctores kannten ihn wohl; er war oft bei ihnen gewesen, wenn er zum Disputieren auszog gegen Winter, wenn er seine Äcker gesät hatte und nichts mehr zu gewinnen war.

Der Fürst wollte ihn auch hören und lud ihn zu Gast, und was ihn die Gelehrten fragten aus der Bibel, darauf konnte er guten Bericht geben, daß der Fürst ein Wohlgefallen an ihm hatte.

Hans Werner, der Bauer, sprach zu dem Herrn: »Herr, wißt Ihr, wie groß Gott ist?«

Der Herr sprach: »Wer wollte es mir sagen?«

Der Bauer sprach: »Er ist so groß, als ein Prophet spricht: ›Der Himmel ist sein Sessel, und das Erdreich ein Schemel seiner Füße, und reicht mit seinen Armen von einem Ort an den andern.‹ Nun ratet, ihr Herren, wieviel müßte er Tuch haben zu einem Rock, da er so groß ist?«

Der Fürst sprach: »Das weiß ich nicht.«

Der Bauer sprach: »Er bedarf nicht mehr als ich, denn er spricht: ›Was ihr einem armen Menschen tut in meinem Namen, das habt ihr mir getan.‹ Darum, wenn Ihr mir einen Rock gebt, so habt Ihr ihn Gott gegeben.«

Der Herr sprach: »Bist du auf Mittfasten hier, wenn ich mein Hofgesinde bekleide, so will ich dir auch einen Rock geben.«

Hans Werner verschlief es nicht, machte sich auf und kam wiederum an des Fürsten Hof; da ward ihm auch ein Rock.

Demut

Selbsttäuschung

Dame nach der Predigt über das Gleichnis vom Zöllner und Pharisäer: »Lieber Gott, ich danke dir, daß ich nicht so bin wie der Pharisäer.«

Theorie und Praxis

Ein Theologiestudent bat Dean Dwelly von Liverpool, ihm das beste Buch über die Demut zu nennen. Er antwortete:
»Meins.«

Humor

Den Theologen wird nachgesagt, sie seien sehr rechthaberisch, gäben nie einen Irrtum zu und dünkten sich eine Idee unfehlbarer als der Papst. Man darf aber annehmen, daß sie spätestens im Himmel diesen Fehler ablegen.
Jedenfalls war Dante dieser Meinung. In seiner »Göttlichen Komödie« schildert er, wie Papst Gregor, der große Kirchenvater, im Himmel sich durch den Augenschein davon überzeugen muß, daß seine Theorie von den himmlischen Hierarchien mit der Wirklichkeit nicht übereinstimmt. Verdrießt das den gelehrten Theologen? Nicht im geringsten. Dante sagt, wie sich der Erlöste verhält:
»Er lachte über sich selbst.«
Auch Dante wird lachen, wenn er feststellt, daß sein System der Jenseitsreiche falsch ist und daß manche Persönlichkeit, die er unter die Verdammten einreihte, in der Seligkeit weilt.

Dispens

Ein Kölner Pfarrer im 13. Jahrhundert rühmte sich, mit päpstlicher Dispens mehrere Pfarreien besitzen zu dürfen und so ein beträchtliches Einkommen zu genießen.
Albert der Große antwortete ihm:
»Bisher bist du ohne Dispens zur Hölle gefahren; jetzt kannst du es mit Dispens.«

Dreifaltigkeit

In den dreißiger Jahren war Michael Schmaus Professor für Dogmatik in Münster. Als er einmal an einer Nikolausfeier der Theologiestudenten im Konvikt teilnahm, sagte ihm der ›heilige Nikolaus‹: »Lieber Michael Schmaus, Gott Vater läßt Dir bestellen, daß Du über die Trinität ganz feine Dinge gesagt hast. Einige davon seien ihm selbst nicht bekannt gewesen.«

Ehe

Verliebt

Jack saß am Fenster und rief zu seiner Gattin Eve, die in der Küche spülte:
»Dort geht die Frau, in die Jim so wahnsinnig verliebt ist.«
Eve ließ die Tasse fallen, stürzte durch die Tür, stieß das Goldfischaquarium zu Boden und reckte ihren Hals aus dem Fenster.
»Wo?« rief sie.
»Dort«, zeigte er, »die Dame mit dem Umhang.«
»Du Idiot!« zischte Eve. »Das ist doch seine Frau!«
»Ja natürlich«, sagt er sanft.

Enttäuschung?

Brief an einen jungen Ehemann:
»Das Heiraten kommt mir vor wie 'n Zuckerboltje oder -bohne; schmeckt anfangs süßlicht, und die Leute meinen denn: es werde ewig so fortgehen. Aber das bißchen Zucker ist bald abgeleckt, sieht Er, und dann kommt inwendig bei den meisten 'n Stück Assa foetida oder Rhabarber, und dann lassen sie's Maul hängen. Bei Dir nun soll's nicht so sein! Du sollst, wenn Du mit dem Zucker fertig bist, eine wohlschmeckende, kräftige Wurzel finden, die Dir Dein Lebelang wohltut!« (M. Claudius)

Scheidung

Ist Unverträglichkeit des Temperaments ein Scheidungsgrund? Chesterton sagt: Nein.
»Mann und Frau sind von Natur aus unverträglich. Ich habe viele glückliche Ehen gesehen, aber noch keine verträgliche.«

Unauflöslichkeit

Tünn und Plünn, ein Kölner Ehepaar, wollten sich scheiden lassen. Jeder von ihnen trug seinen Groll dem Pastor Wollersheim von St. Severin vor.
Da lud der Pastor, unter Anbefehlen strengsten Stillschweigens vor dem Ehegespons, erst das Plünn auf anderen Morgen neun Uhr und dann den Tünn auf zehn Minuten nach neun in seine Pfarrstube, so daß der Tünn höchst erstaunt war, sein Plünn mit dem Pastor »im Verzäll« vorzufinden. Wollersheim bekam eben den Kaffee hereingebracht und begrüßte den Tünn: »Aha, da si'mer jo!« Darauf setzte er sich gemütlich den verdutzten Streithähnen gegenüber und sagte:
»No künnt ehr ja och ens zokicke, wie öhre Pastur Kaffee drink. Und ehr künnt meer esugar jet helfe: Plünn, schött mer ens e Pöttche en!« Plünn, sich hoch geehrt fühlend, bediente den Pastor.

»Su, Tünnes, un do deis mer Milch un Zucker en de Taß!« Das besorgte der Tünn, ungewiß, wo das alles wohl hinauswollte. Nach längerem Rühren in der Tasse schob Wollersheim sie den beiden zu und sagte:
»No paßt ens op! Tünn, do deis mer nettches der Zucker us der Taß! Und do, Plünn, mähs mer de Milch widder drus!«
Da sahen die beiden sich an, begannen zu lachen und riefen wie aus einem Munde:
»Ävver Här Pastur! Dat eß doch nit mieh mügelich!«
»Aha! Ehr zwei Strickstöchere, merkt ehr jitz jet?«
Wollersheim brauchte nicht mehr viel hinzuzufügen. Nach einem dankbar angenommenen »Pöttche Trus«, das Wollersheim anbot, ging das Paar versöhnt heim.

Ehre

Der alt und berühmt gewordene Wanderprediger Bernhardin von Siena hatte kurz vor seinem Tod in der umbrischen Stadt Rieti gepredigt. Wie er sich verabschiedete, erzählt Maffeo Vegio:

»Auf die Frage, ob er die Stadt zu Fuß verlassen werde, gab Bernhardin zur Antwort: ›Nein. Nur als Reiter will ich weiterziehen.‹ Er fügte scherzhaft hinzu: ›Wenn ich nämlich zu Fuß auszöge, täte man mir nur *einen* Grad Ehre an. Ziehe ich aber als Reiter los, so wird man mir stets deren zehn erweisen. Finde ich demnach größere Ehre, wenn ich reite, als wenn ich zu Fuß gehe, so ist das ausschließlich das Verdienst meines Esels. Daraus geht deutlich hervor, wie groß der Adel meines Grauchens ist, wird mir doch seinetwegen weit größere Ehre und Achtung zuteil!«

Erlösung

Ein Mann in Salamanca erklärte sich für rettungslos verloren. Man brachte ihn zu einem hochgelehrten Mönch, der den Fall in Ruhe zu betrachten versprach.
Am nächsten Tag, als man ihm den Verzweifelten wieder vorführte, sagte er:
»Ja, es ist so. Der Mann ist ewig verdammt. Ich habe es jetzt in den Büchern geschrieben gefunden.«
Da erwiderte der Ärmste unter Tränen:
»Aber Pater, wozu hat dann Gott sein Blut vergossen?«
Worauf der Mönch:
»Nun also, du Schlingel, wenn du das weißt, was redest du dann von deiner ewigen Verdammnis?«

(Lope de Vega)

Eucharistie

Nach Tisch

Ein vierjähriger Junge wurde mit in die Messe genommen. Neben vielem anderen gewahrte er auch, daß der Priester nach der heiligen Kommunion den Kelch mit dem Kelchtuch abtrocknete.
Da sagte der Junge laut:
»Immer dat olle Abtrocknen! Sogar in der Kirche!«

Das tägliche Brot

Im Religionsunterricht sprach der Lehrer über das Wort: »Brot vom Himmel hast du uns gegeben, das alle Süßigkeit in sich enthält.« Ein Kind sagte:
»So süß sind die Hostien gar nicht. Warum gibt es nicht statt dessen Kuchen?«
Da meldet sich ein anderes Kind:
»Kuchen gibt es nur sonntags. Brot ist für jeden Tag.«

Evangelium

Ein alter Schäfer fragte eines Tages Oliver Cromwell: »Dein Leben ist Kampf. Aber wofür kämpfst du eigentlich?«
Cromwell antwortete: »Für das Evangelium.«
Der Schäfer meinte: »Ich fürchte, dein Schwert wird abstumpfen.«
Cromwell: »Wenn mein Schwert stumpf wird, schärfe ich es wieder am Evangelium.«
Der Schäfer: »Dann wundere ich mich auch nicht mehr, daß unser Evangelium mehr und mehr abgenutzt wird.«

Fegefeuer

Soziologisch oder moralisch?

Der Katechet wiederholt die Lehre von den letzten Dingen.
»Wer kommt in die Hölle?«
Ein Kind antwortet:
»In die Hölle kommen Menschen, die von Gott nichts wissen wollen.«
»Und wer kommt ins Fegefeuer?«
»Ins Fegefeuer kommen die besseren Leute.«

AUCH ER

Der Schorsch probiert sein neues Motorrad aus. Er tritt und tritt, aber das Malefizding springt nicht an. Wütend schreit er:
»Himmikreizkruzitürkensakrament, Scheißglump elendigs!«
Der Pfarrer, der gerade vorbeigeht, belehrt ihn:
»Schorsch, mit Fluchen erreicht man nichts. Sag lieber: Herr Gott, hilf mir!«

»Herr Gott, hilf mir!« sagt der Schorsch. Im gleichen Augenblick knattert die Maschine los, der Schorsch nauf und nix wie ab. Sprachlos schaut der Pfarrer ihm nach. Als er die Sprache wiedergefunden hat, sagt er:
»Himmikreizkruzitürkensakrament! Daß dees so wirkt!«

Frau in der Kirche

Damengesellschaft

Bischof Jean Pierre Camus hat von seinem Freund, dem hl. Franz von Sales, Bischof von Genf, manche Anekdote erzählt, unter anderem diese:
Dem Heiligen sagte jemand, man sehe nur Frauen in seiner Umgebung. »Daran ist kein Zweifel«, erwiderte der Bischof, »aber bei unserem Herrn war es genauso, und da fehlte es auch nicht an Leuten, die ihm das übelnahmen.«
Der Kritiker fuhr fort:
»Ich frag mich, warum sie so gern in Ihrer Gesellschaft sind. Nie bemerke ich, daß Ihr sie zurückhieltet vom Plaudern.«
Der Heilige antwortete:
»Sie brauchen gewiß mehr Ohren zum Zuhören als Zungen zum Reden, sprechen sie doch schon genug für sich und für mich. Für Leute, die gern reden, gibt es nichts Angenehmeres als einen geduldigen und schweigsamen Zuhörer.«

Zu viele

Bei einer Generalaudienz fragte Papst Pius XII. eine Schwester, welchem Orden sie denn angehöre. Die Nonne antwortete:
»Heiliger Vater, meine Kongregation heißt: Töchter des heiligen und unbefleckten Herzens Mariä von Olot.«
Da seufzte der Papst und sagte:
»Davon habe ich nie gehört. Mit den Männerorden bin ich jetzt durch. Aber die weiblichen Orden und Kongregationen – das schaffe ich wohl nie.«

Gebote

MÜCKEN SEIHEN, KAMELE VERSCHLUCKEN

Am Dach des Karlsschreins in Aachen ist ein Relief zu sehen, das darstellt, wie Kaiser Karl der Große dem heiligen Ägidius beichtet. Kris Tanzberg schrieb dazu das folgende Epigramm:
Sagt er: »Im Zorn hab' ich viele Sachsen bei Verden gemordet?«
Nicht im geringsten! Er sagt: »Fünfmal aß freitags ich Fleisch.«

Gefühlsreligion

In einer pietistischen Kolonie traf einmal jemand einen bekannten Wüstling. Auf die Frage: »Wie kommen Sie denn hierher, Herr Baron?« erhielt er die Antwort: »Ich poussiere hier meine religiösen Sentiments.«

Gehorsam

Msgr. Roncalli, der Vertreter des Heiligen Stuhls in Ankara (später Papst Johannes XXIII.), wurde zu seiner Überraschung zum Nuntius in Paris ernannt. Auf dem Weg nach Paris nahm er kurzen Aufenthalt in Rom und fragte im Staatssekretariat, wie man dazu gekommen sei, an ihn für Paris zu denken.
»Ach, mein Lieber«, wurde ihm zurückhaltend geantwortet, »ich weiß gar nicht, wie das ging. Fragen Sie doch den Heiligen Vater.«
Pius XII. war gerade überbeschäftigt und empfing Roncalli mit den Worten:
»Ich habe nur sieben Minuten Zeit für Sie und will

Ihnen bloß sagen, daß Sie diese Ernennung niemandem verdanken. Ich selbst dachte an Sie, habe darüber gebetet und mich dann dazu entschlossen.«

»Wenn es so ist, Heiliger Vater«, antwortete Roncalli und nahm seinen Hut, »sind die weiteren sechs Minuten überflüssig.«

Geiz

Der Segen des Geizigen

Einst ging ein Bischof durch die Stadt.
Ein Bettelbube zu ihm trat,
Zog vor ihm ab gar tief den Hut
Und sagt': »Herr, seien Sie so gut,
Bis an den Hals steck ich in Schulden,
Und schenken Sie mir einen Gulden
Zu diesem lieben Neuenjahr,
Das wär ein christlich Werk, fürwahr!«
»Was?« schrie der Bischof eifersvoll,
»Ich glaube, Junge, du bist toll!
Ein Gulden bei so schlechter Zeit
Ist wahrlich keine Kleinigkeit!«
»Nun, Herr«, fiel ihm der Bettler ein,
»So mögen's denn acht Groschen sein.«
»Nichts, nichts«, versetzt' der Bischof drauf,
»Geh fort und halte mich nicht auf!«
»Ihr Gnaden, einen Groschen dann.«
»Fort, fort! Auch den nicht.« – »Nun wohlan!
Sie sehn, wie ich mich handeln lasse.
Ein Hellerchen?« – »Geh deiner Straße!
Nichts, gar nichts!« – «Das ist etwas arg«,
Sprach drauf der Bube. »Sie sind karg!
Doch lassen Sie sich dann bewegen
Und geben mir nur Ihren Segen?«
»Den sollst du haben, lieber Sohn«,
Erwiderte mit süßem Ton

Der Geistliche. »Knie hin vor mir,
Den besten Segen geb' ich dir!«
»So?« sprach der Bursche ganz verwegen,
»Behalten Sie nur Ihren Segen!
Ich hab ihn zu geschwind begehrt.
Wär er nur einen Heller wert,
Sie gäben ihn, hochwürd'ger Herr,
Gewiß nicht so gutwillig her.« (J. F. W. Zachariä)

GEGENSÄTZE

Der Geizhals muß davon, läßt anderen sein Geld;
Der Weise schickt's für sich voran in jene Welt.

Der Weise streuet aus für seine Freund in Gott;
Der Geizhals sammelt ein für'n Teufel und für'n Tod.

Ein Narr hält sich für reich bei einem Sack voll Geld;
Der Weise schätzt sich arm auch bei der ganzen Welt.
(Angelus Silesius)

Gelassenheit

Als Spurgeon einmal in einem Hinterhof Londons predigte, flog »zufällig« aus einem oberen Fenster in merkwürdig schräger Richtung ein Blumentopf herab.
Spurgeon sagte trocken:
»Wenn einem Menschen der Tod des Ertrinkens bestimmt ist, wird er schwerlich von einem Blumentopf erschlagen werden.«

Geld

Was Silber vermag

Ein Reicher kam zu einem Weisen. Der Weise führte ihn ans Fenster. »Schau hinaus und sag, was du siehst.«
»Menschen«, antwortete der Reiche.
Darauf führte ihn der Weise vor einen Spiegel.
»Was siehst du nun?«
»Ich sehe mich selbst«, sagte der Reiche.
Da sprach der Weise:
»Merke: Das Fenster ist aus Glas, und der Spiegel ist aus Glas. Aber das Glas des Spiegels ist mit ein wenig Silber belegt. Kaum kommt ein wenig Silber dazu, so hörst du auf, andere Menschen zu sehen, und siehst nur noch dich selbst.«

Unbeschwert vom Mammon

Roncalli, der Patriarch von Venedig (später Papst Johannes XXIII.), unterhielt sich einmal mit einem steinreichen Manne. Im Verlauf des Gespräches bemerkte er:
»Wir zwei haben immerhin etwas Gemeinsames, nämlich das Geld. Sie haben davon zuviel und ich zuwenig. Der Unterschied zwischen uns beiden ist nur der, daß mich das Geld nicht drückt.«

»Eher geht ein Kamel durchs Nadelöhr ...«

Mr. C., der Benzinmilliardär, fuhr mit dem Auto spazieren. Da traf er ein siebenjähriges Mädchen, das gern einmal Autofahren wollte. Mr. C. lud es ein.
»Wohin willst du denn fahren?«
»Das ist mir gleich«, sagte die Kleine, »wohin Sie wollen.«
»Fahren wir in den Himmel!« rief Mr. C.
»Oh, Mr. C.« sagte das Kind und schaute ihn mit großen Augen an. »Ich glaube, Sie haben nicht genug Benzin, um da hinzukommen.«

Der überlistete Pfaff

Ein Priester hatte viel Geld und Reichtum, aber deswegen auch viel Sorge, wie denn der Geistlichen Art ist. Wo er auch sein Geld hinlegte und verbarg, immer fürchtete er, es würde entdeckt und genommen werden. Endlich gedachte er es in das Sakramentshäuschen zu tun und hoffte, daß es dort am sichersten aufgehoben wäre. Er legte es also in das Heiligtum und schrieb darüber: »Dominus est in isto loco.« Der Herr ist an dieser Statt. Das aber verstand eine gescheite Katze, brach das Häuschen auf, nahm das Geld weg und schrieb darüber: »Surrexit, non est hic.« Er ist erstanden und nicht hie! Der Priester hätte vor Herzeleid hierüber sterben mögen.

(Johannes Pauli)

Gelübde

Berechnung

Mitten auf dem Starnberger See überrascht den Sepp mit seinem Sohn beim Fischen ein Gewittersturm.
Sepp betet:
»Heilige Vierzehn Nothelfer, wann uns nix passiert, na kaf i dir a große Kerzen.«
Das Gewitter wird noch stärker.

»A Meß lesen laß i aa no!« brüllt Sepp.
Ein Blitz schlägt neben dem Boot ein.
»A Wallfahrt nach Rom leg i no zua!«
Da mischt sich sein Bub ein:
»Geh, Vater, bist narrisch? Dees kost' a Vermögen!«
Knurrt Sepp:
»Wart's nur ab, bis ma g'sund drüben san. Na werden's scho' sehn, was s' kriegen.«

Gewissen

Unterscheidung

Zwei alte Pfarrer treffen sich.
Sagt der eine: »Je älter ich werde, um so mehr erkenne ich, daß die Menschen sehr wohl zwischen Gut und Böse zu unterscheiden wissen.« Sagt der andere: »Ja, aber nur bei den anderen.«

Skrupulant

Fünfundachtzig Jahre war der Hinterhuber geworden, und nun ging es mit ihm zu Ende.
Der Pfarrer wollte ihm die Beichte abnehmen, doch der Hinterhuber beteuerte:
»I hob koa Sünd net.«
»Nichts, was dein Gewissen belastet?«
»Goar nix.«
»Wirklich?«
»Ja mei«, ließ sich der Hinterhuber nach einer Denkpause vernehmen, »oan klein'r Skrupel geht mir no' manchmal im Kopf rum! Wia i um 20 Jahr alt war, bin i mit an Deandl ganga, und a Kamerad von mir hat's alleweil net gern g'segn. Da san mir amal auf'm See g'fahra, und da hab i ihn nausgschmissn, und da hab' i mir halt manchmal denkt, weil i ihn danach gar nimma g'segn hab, es könnt am End an Unglück passiert san.«

Glaube

Glaube und Werke

Viel Gutes tut mein Freund, allein
Er zweifelt an der Werke Sinn,
Dieweil ich voll des Glaubens bin
Und halt die Nächsten mir vom Hals.

Die Freundschaft macht aus Ketzerein
Rechtgläubigkeit. Wir jedenfalls
Sind so die besten Heil'gen hier,
So klar wie 1 + 1 macht 4.

(Kris Tanzberg nach Muriel Spark)

Wahrheit

Wieder einmal sitzt der Herr Pastor bei Frau Schulte Köttelkamp vor einer guten Tasse Kaffee und schönem Bauernstuten. Der Pastor lobt den frommen Eifer der Bäuerin:

»Ja, Frau Schulte, Ihnen wird gewiß einst ein schöner Lohn werden für Ihren unerschütterlichen Glauben.«

Frau Schulte Köttelkamp nickt beistimmend:

»Joa, Herr Paster, 'n starken Glauben, den hew eck. Eck gläuw alles, ob et woahr es oder nich.«

Konziliant

Ein steinreicher englischer Geschäftsmann wollte eine ebenso reiche Erbin heiraten. Es gab aber eine Schwierigkeit, auf die ihn die Familie seiner Zukünftigen aufmerksam machte: Sie war katholisch, er glaubenslos.

Er erklärte sich gern bereit, sich in die Kirche aufnehmen zu lassen. »Besorgt mir die Formulare«, rief er, »ich unterschreibe alles.«

Man belehrte ihn, daß er erst Konvertitenunterricht nehmen müsse. Das tat er denn auch.

Als er zum zweitenmal den Pater aufsuchte, fragte ihn dieser, wie viele Personen es in Gott gebe.
Mit entgegenkommendem Lächeln antwortete der Geschäftsmann:
»So viele Sie wollen.«

Kein Vertrauen

Furchtbare Trockenheit in Texas. Ein Negergeistlicher hat seine Gemeinde zu einem Bittgottesdienst um Regen eingeladen. Alle sind gekommen.
Der Geistliche tritt auf und mustert schweigend, aber mit rollenden Augen seine Schäflein. Endlich donnert er los:
»Dieser Unglaube von euch ist ein Skandal! Ich zittere für eure Seelen. Hier sind wir versammelt, Gott zu bitten, daß er Regen schickt; und nicht einer von euch hat Glauben genug gehabt, für den Nachhauseweg einen Regenschirm mitzubringen!«

Jowetts Rat

Dr. Jowett, der berühmte Oxford-Gelehrte, sagte zu Margot Asquith:
»Mein liebes Kind, Sie müssen an Gott glauben trotz allem, was die Geistlichen Ihnen sagen.«

Gleichheit

Protest

Ein alter pommerscher Landedelmann wohnte einem Gottesdienst bei. Die Gemeinde sang das Lied:
»Herr Gott, Vater im Himmelreich,
Der du uns machest alle gleich!«
Da flüsterte der Gutsherr seinem Nachbarn entrüstet zu:
»Das kann nicht sein! Das darf nicht sein! Das gibt auch die Ritterschaft gar nicht zu!«

Korrektur

Das Mittelalter betonte die Standesunterschiede, liebte aber auch weitverbreitete Sprüche wie diesen:
»Als Adam grub und Eva spann,
Wo war denn da der Edelmann?«

Exklusiv

In New York gibt es eine sehr exklusive Kirche, die von sehr reichen und sehr gebildeten Leuten besucht wird. Eines Tages fragte ein Farbiger den Pastor dieser Kirche, ob er einen Kirchenplatz haben könne. Der Pastor, ein Herr von vornehmer Erscheinung, zögerte.

»Hm, wissen Sie«, sagte er stockend, »ich bin nicht sicher, ob – äh – ob unsere Gemeinde – äh – einen farbigen Herrn aufnehmen möchte. Wollen Sie nicht nach Hause gehn und zum Allmächtigen um Licht in dieser Sache beten?«

Der Farbige folgte dem Rate des Pastors, und kaum war eine Woche vorbei, als er schon wieder da war. Dem Pastor war es unbehaglich zumute, ihn wieder zu sehn, und er fragte ungeduldig:

»Nun, haben Sie zum Allmächtigen gebetet?«

»Freilich«, sagte der Farbige. »Und der Allmächtige hat geantwortet: Mister Owen, nehmen Sie sich in acht vor dieser sehr exklusiven Kirche. Wahrscheinlich kommen Sie nicht hinein. Ich habe selbst seit zwanzig Jahren versucht, hineinzukommen, und es ist mir noch nicht gelungen.«

Vor Gott alle gleich?

A.: »Vor Gott sind alle gleich.«
B.: »Beweis?«
A.: »Der Apostel sagt: Mann oder Frau, Jude oder Grieche, Freier oder Sklave – das gilt nicht mehr.«

B.: »Und doch sind vor Gott nicht alle gleich.«
A.: »Beweis?«
B.: »Jesus sagt, am Jüngsten Tage werde er sortieren: Böcke links raus, Schafe nach rechts.«

Gnade

Religionsersatz

Es war eine Zeit, wo die Menschen sich mit dem, was die Natur brachte, behelfen und von Eicheln und anderer harter und schlechter Kost leben mußten. Da kam ein Mann, mit Namen Osiris, von ferne her und sprach zu ihnen: »Es gibt eine bessere Kost für den Menschen und eine Kunst, sie immer reichlich zu schaffen; und ich komme, euch das Geheimnis zu lehren.« Und er lehrte sie das Geheimnis und richtete einen Acker vor ihren Augen zu und sagte: »Seht, das müßt ihr tun! Und das übrige tun die Einflüsse des Himmels!«
Die Saat ging auf und wuchs und brachte Frucht, und die Menschen waren des sehr verwundert und erfreut und bauten den Acker fleißig und mit großem Nutzen.
In der Folge fanden einige von ihnen den Bau zu simpel, und sie mochten die Beschwerlichkeit der freien Luft und Jahreszeiten nicht ertragen. »Kommt«, sprachen sie, »laßt uns den Acker regelrecht und nach der Kunst mit Wand und Mauern einfassen und ein Gewölbe darüber machen und dann darunter mit Anstand und mit aller Bequemlichkeit den Ackerbau treiben; die Einflüsse des Himmels werden so nötig nicht sein, und überdem sieht sie kein Mensch.« »Aber«, sagten andere, »Osiris ließ den Himmel offen und sagte: ›Das müßt ihr tun! Und das übrige tun die Einflüsse des Himmels!‹« »Das tat er nur«, antworteten sie, »den Ackerbau in Gang zu bringen; auch kann man noch den Himmel an dem Gewölbe malen.« Sie faßten darauf ihren Acker regelrecht und nach der Kunst mit Wand und Mauern ein, machten ein Gewölbe darüber und malten den Himmel daran.

Und die Saat wollte nicht wachsen! Und sie bauten und pflügten und düngten und ackerten hin und her. Und die Saat wollte nicht wachsen! Und sie ackerten hin und her.
Und viele von denen, die umherstanden und ihnen zusahen, spotteten über sie. Und am Ende auch über den Osiris und sein Geheimnis. (Matthias Claudius)

Rien ne va plus

In einem vollelektrifizierten Haushalt fällt an einem Winterabend für längere Zeit der Strom aus. Kein Kurzschluß, sondern E-Werk. Die Familie sitzt im Dunkeln, der Fernsehapparat ist tot, die Heizung wird kalt, Kühlschrank und Spülmaschine stehen still, die Kochplatte kann nicht benutzt werden. Unbehaglichkeit breitet sich aus. Schließlich sagt der Vater zu den Kindern:
»So wäre unser Leben, wenn uns Gott seine Gnade entzöge: Nichts geht mehr.«

Gott

Gottesbeweis

Pfarrer Sintenis in Zerbst hatte ein dickes Buch mit dem Titel »Pistavon« geschrieben und Friedrich Wilhelm III. von Preußen gewidmet. In einer Audienz durfte er dem König das Buch überreichen. Sintenis war ein weitschweifiger Redner, und er hatte sich eine Ansprache überlegt, die fast eine Predigt vorstellte. Der König ließ die umständlichen Sätze eine Weile über sich ergehen, winkte dann ab und zeigte auf den Titel »Pistavon«: »Was bedeuten?«
Sintenis wollte wenigstens das Stichwort der halb unterdrückten Predigt noch anbringen. Er habe in seinem Buch das Dasein Gottes zu beweisen versucht, sagte er gewichtig und verneigte sich, gleichsam den Dank des Königs

für seine verdienstvolle Tat vorwegnehmend. Der König reichte das Buch seinem Verfasser zurück mit der Frage: »Auch schon das Dasein der Sonne zu beweisen versucht?«

Ohne Postleitzahl

Aus Thornton Wilder, Unsere kleine Stadt:
Rebecca: »Ich habe dir nie erzählt von dem Brief, den Jane Crofut bekam ... Die Adresse auf dem Umschlag lautete: Jane Crofut, Crofut Farm, Grover's Corners, Sutton County, New Hampshire, Vereinigte Staaten von Amerika.«
Georg: »Was ist denn komisch daran?«
Rebecca: »Hör doch! Es geht ja noch weiter: Vereinigte Staaten von Amerika, Nordamerikanischer Kontinent, Westliche Halbkugel, Erde, Sonnensystem, Universum, Gottes Geist. Das stand auf dem Briefumschlag.«
Georg: »Was du nicht sagst!«
Rebecca: »Und der Brief ist doch angekommen.«

Gottes Hände

In einem zerstörten deutschen Dorf waren am Ende des Zweiten Weltkriegs amerikanische Soldaten einquartiert. Sie halfen bei der Wiederherstellung der Häuser und der Kirche. Sie setzten die Bruchstücke einer Christusfigur zusammen und stellten sie wieder auf den Altar. Nur die Hände fehlten. Sie waren nicht mehr zu finden. Einer der Soldaten schrieb auf den Sockel:
»Ich habe keine anderen Hände als die euren.«

Gottes Schönheit

An der Tafelrunde Friedrich Wilhelm I., die unter dem Namen »Tabakskollegium« berühmt geworden ist, mußte einmal der Propst Dr. Johann Gustav Reinbeck teilnehmen. Er war bemüht, wenig aufzufallen und die

Würde seines geistlichen Standes zu wahren. Aber es blieb ihm nicht erspart, daß der zu derben Scherzen aufgelegte König schließlich auch ihn zum Opfer erkor.

»Jetzt ist Er dran«, sagte Friedrich Wilhelm. »Mach Er mal sofort aus dem Stegreif ein Gedicht auf ein schönes Mädchen.«

»Hoho!« dröhnte die Tafelrunde schadenfroh.

Der Propst bedachte sich einen Augenblick, lächelte und sagte in die gespannte Stille hinein:

»Wenn mir ein schönes Kind begegnet,
Das Gott mit Anmut hat gesegnet,
So fallen mir Gedanken ein.«

»Hoho!« lachte der König. »Was für Gedanken hat Er denn da, Er Schwerenöter?«

Der Propst fuhr fort:

»Der Gott, der so viel schöne Sachen
Aus einem Nichts hat können machen –
Wie schön muß dieser Gott wohl sein!«

Er setzte sich, inmitten einer plötzlichen Stille, und hob lächelnd sein Glas den Humpen entgegen, die ihm die andern beschämt und mit schweigender Hochachtung hinhielten.

Verborgener Gott

Ein kleiner Junge spielte mit einem anderen Verstecken. Er verbarg sich gut und wartete auf seinen Freund. Er wartete und wartete, und schließlich wurde es ihm zu lang, und er kam aus seinem Versteck. Aber der andere war nirgends zu sehen. Da merkte er, daß der andere ihn von Anfang an nicht gesucht hatte.

Weinend lief er zu seinem Großvater und beklagte sich über den Spielverderber.

Da fing auch der Großvater an zu weinen und rief: »Genau das sagt auch Gott: ›Ich verberge mich, aber keiner will mich suchen.‹ Was sind die Menschen für Spielverderber!«

Gottes Barmherzigkeit

Wenn der Himmel einen Sünder mehr liebt als 99 Gerechte, dann weiß der Sünder dies gewiß nicht von Anfang an. Er nimmt vielmehr nur des Himmels Zorn wahr, bis er zuletzt gleichsam den Himmel nötigt, mit der Sprache herauszurücken. (Sören Kierkegaard)

»Gott ist tot«

Wer ist der Mörder?

A.: »Die Atheisten haben Gott getötet.«
B.: »Heinrich Heine war vor mehr als hundert Jahren anderer Meinung.«
A.: »Ausgerechnet Heine? Welcher Meinung war er denn?«
B.: »Er schrieb: ›Die dem lieben Gott ein Ende machen, sind die Theologen.‹«

Nur die Gottesbilder starben

Im Ersten Weltkrieg, spätestens im Trommelfeuer bei Verdun, starb »der liebe Gott«.
Im Zweiten Weltkrieg, spätestens im Kessel von Stalingrad, starb »der Herrgott«.
Lange vorher waren schon »der schöne Gott« und »der süße Gott« gestorben. Und »der Gott, der Eisen wachsen ließ«, und »der Gott der Schlachten« ist auch tot.
Aber GOTT lebt.

Der tote Gott

Die Bauern von Wintershausen hatten in ihrer Kirche einen alten Herrgott, der zerbrochen war. Sie schickten zwei von ihnen zu einem Herrgottsschnitzer, damit sie auf die Karwoche einen neuen Herrgott bekämen.

Der Schnitzer fragte die beiden, ob sie lieber einen lebendigen oder einen toten Herrgott haben wollten (ein »lebendiger Herrgott« ist ein Kruzifix mit offenen, ein »toter« eins mit geschlossenen Augen). Da erkundigten sich die Bauern, wieviel Geld jeder Herrgott koste. Der Meister sagte, der tote brauche mehr Arbeit und sei kostbarer als der lebendige, darum sei der lebendige Gott im Preise geringer.
Die zwei gingen zu Rat und bestellten schließlich einen lebendigen Herrgott; wenn sie ihn heimbrächten und er der Gemeinde nicht gefiele oder er sich sonst krautig mit ihnen halten würde, so wollten sie ihn schon selbst totschlagen; es sei ohnehin die Marterwoche, da er zu leiden habe und man seltsam mit ihm umgehe.

Gott schauen

Zu einem Rabbi kam ein Schüler und fragte:
»Früher gab es Menschen, die Gott von Angesicht zu Angesicht geschaut haben; warum gibt es sie heute nicht mehr?«
Da antwortete der Rabbi:
»Weil sich heute niemand mehr so tief bücken kann.«

Heil

Zug verpasst

Jean und Yvonne gingen zum Bahnhof, um mit dem Sonderzug eines Touristik-Unternehmens eine weite Ferienreise anzutreten. Unterwegs hielt sich Yvonne am Schaufenster eines Modegeschäftes auf, und sie erreichten den Bahnsteig, als ihr Zug gerade abgefahren war. Jean war wütend, Yvonne untröstlich.

Nachdem sich die erste Aufregung gelegt hatte, meinte Jean zu seiner Frau:
»Es gibt Schlimmeres.«
»Was denn?«
»Wenn wir wegen eines Augenblicks die Ewigkeit versäumten.«

Heiliger Geist

Zur rechten Stunde

Der Organist übt mit der Gemeinde ein neues Lied ein. Bei dem Satz »Gib uns deinen Heil'gen Geist« klappt es mit dem Rhythmus nicht: Der Ton vor »Heiliger Geist« müßte länger angehalten werden. Deshalb sagt der Organist:
»Der Heilige Geist darf nicht zu früh kommen.«

Heiligung

Der närrische Unheilige

Du willst kein Heil'ger sein, gleichwohl in'n Himmel kommen:
O Narr, es werden dort nur Heil'ge angenommen.
(Angelus Silesius)

Jeder anders

Klaus hatte das Leben des heiligen Franz von Assisi gelesen und sprach mit einem weisen Priester darüber.
»Nie werde ich diese Heiligkeit erreichen. Was soll ich sagen, wenn der ewige Richter mich einst fragt: ›Warum bist du nicht Franziskus gewesen?‹«
Der Priester erwiderte:
»Das wird er nicht fragen. Er wird fragen: ›Warum bist du nicht Klaus gewesen?‹«

Himmel

Keine Eile

Der große niederländische Maler Frans Hals war gewöhnlich jeden Abend betrunken. Trotzdem hatten seine Schüler große Achtung vor ihm, und die ältesten unterstützten sich darin, daß sie der Reihe nach auf ihn acht gaben und ihn abends, besonders wenn es dunkel und spät geworden, aus der Kneipe holten, damit er nicht in das Wasser falle oder sonstwie Schaden nehme. Sie brachten ihn gewöhnlich nach Hause, zogen ihm Strümpfe und Schuhe aus und halfen ihm ins Bett. Sie hatten bemerkt, daß Hals, obwohl betrunken, aus Gewohnheit ein Abendgebet stammelte und stets mit der Bitte schloß:

»Lieber Herr, nimm mich bald in deinen hohen Himmel!«

Sie fragten sich, ob es ihrem Meister mit diesem Wunsche auch ernst wäre. Darum sannen sie ein Mittel aus, um sich davon zu überzeugen. Zu viert gingen sie ans Werk. Sie bohrten in die Zimmerdecke über seinem Bett vier Löcher, ließen durch diese Löcher starke Stricke hinunter und banden sie an den Ecken des Bettes fest. Als sie ihm ins Bett geholfen und das Licht aus der Kammer getragen hatten, gingen sie auf ihren Strümpfen die Treppe hinauf nach oben und horchten auf die Worte seines Abendgebetes. Am Schluß kamen wieder die gewohnten Worte:

»Lieber Herr, nimm mich bald in deinen hohen Himmel!«

Sofort zogen sie ihn mit seinem Bette hinauf. Trotz seiner Trunkenheit merkte Hals, wie er in die Höhe gehoben wurde, glaubte, der Himmel habe sein Gebet erhört, und rief mit veränderter Stimme laut:

»Aber nicht so schnell, lieber Herr, nicht so schnell!«

(Arnold Houbraken)

BEGRIFFSLOGIK

Die Krähen behaupten, eine einzige Krähe könnte den Himmel zerstören. Das ist zweifellos, beweist aber nichts gegen den Himmel, denn Himmel bedeutet eben: Unmöglichkeit von Krähen. (Franz Kafka)

Hölle

LANGEWEILE

Ein Mann träumte, er sei gestorben und befinde sich in einer ungeheuren Weite, wo er sich äußerst behaglich fühlte. Er ruhte eine Weile. Dann rief er:
»Ist hier jemand?«
Sogleich erschien ein weißgewandeter Diener und fragte:
»Was wünschen der Herr?«
»Was kann ich bekommen?«
»Alles, was Sie wollen.«
»Nun, dann bringen Sie mir etwas zu essen.«
»Was möchten Sie essen? Sie können alles bekommen, was Sie wollen.« Man brachte ihm genau das, was er wollte, und er fuhr fort, zu essen und zu schlafen und eine herrliche Zeit zu haben. Dann bat er um Spiele, und auch

Spiele bekam er. Und immer wieder erhielt er alles, worum er bat. Schließlich wurde es ihm aber doch langweilig, und er rief den Diener herbei und sagte:
»Ich möchte etwas *tun.*«
»Bedaure, aber das ist das einzige, was wir Ihnen hier nicht geben können.«
Der Mann sagte:
»Das widert mich an. Ich hab' es satt. Lieber möchte ich in der Hölle sein.«
Da rief der Diener:
»Was dachten Sie denn, wo Sie wären?«

Jansenisten

Ludwig XIV. ließ eines Tages den Herzog von Chartres zu sich kommen.
»Was fällt Ihnen ein, Herr Neffe, daß Sie einen Jansenisten in Ihren Dienst nehmen?«
»Ich?« antwortete der Herzog, »ich denke gar nicht daran.«
»Aber Sie nehmen doch einen, dessen Mutter Jansenistin ist.«
Da lachte der Herzog. »Ich bürge Eurer Majestät dafür, daß *er* es nicht ist. Er glaubt nicht einmal an Gott.«
»Ja, dann«, sagte erleichtert der König, »dann können Sie ihn nehmen.«

Jesus

Hat Jesus gelebt?

Rudolf Augstein brachte vor ein paar Jahren in der Weihnachtsnummer seines »Spiegels« einen langen Aufsatz über Jesus, sozusagen eine Vorarbeit zu seinem später erschienenen Jesusbuch.

Daraufhin erhielt er folgenden Leserbrief:
»Vielen Dank, Herr Augstein, für Ihre Argumentation über die historische Existenz Jesu. Ich weiß jetzt genau,
1. daß Jesus nie gelebt hat;
2. daß er Brüder hatte.«

»In Ihm sind alle Schätze«

Der französische Schriftsteller Daniel-Rops hatte ein Buch geschrieben, das ein Bestseller wurde: ein Buch über Jesus. Es war 1946 mit 370 000 Exemplaren die erfolgreichste französische Neuerscheinung, hat inzwischen über 500 französische Auflagen erlebt und wurde in vierzehn Sprachen übersetzt.
Als Daniel-Rops, der eigentlich Henri Petiot hieß, einmal in Begleitung seiner Frau zu einem Fest erschien, sprach ihn Mauriac an, der mit einer bewundernden Handbewegung über den kostbaren Nerzmantel von Madame Petiot strich:
»Vom Herrn Jesus, nicht wahr?«

Juden

Gottes erste Liebe

In Paris standen bei einer Veranstaltung der Apostolische Nuntius Roncalli und der Oberrabbiner von Frankreich vor einem Einmannlift, den sie beide benutzen wollten.
»Nach Ihnen«, sagte höflich der Rabbiner.
»Nein, bitte, Sie zuerst«, entgegnete ebenso höflich der Nuntius. Darauf entstand eine kleine verlegene Pause, bis schließlich Roncalli drängte, indem er lächelnd erklärte:
»Sie fahren unbedingt vor mir, denn zuerst kommt das Alte Testament und dann das Neue Testament.«

Nicht von den Juden

Inschrift an einem Kreuz bei Mitterndorf in der Obersteiermark:

Dieses Kreuz ist aufgericht'
Zu Ehren des Herrn Jesus Christ
Der für uns gekreuzigt ist
Von den Bauern dieser Gemeinde.

Das Jüngste Gericht

Zum letzten Fastensonntag hielt
Der junge Pfarrer Christenlehr
Uns schildert' Gottes Strafgericht
Vielleicht ein wenig allzuschwer.

Dies hört' ein armer Bauersmann,
Und ward zutiefst erschüttert
Und sah den lieben Jesus an
Und flüstert' halb erbittert:

»Wenn du, o lieber Heiland, uns
So schwer gedenkst zu strafen,
Dann, fürcht ich, wirst du ganz allein
Im Paradiese schlafen.« (Stepan Rudanśkyi)

Kardinäle

Römische Zustände

Giovanni Boccaccio erzählt folgende Geschichte:

In Paris lebte einst ein Tuchhändler namens Jeannot de Sevigné. Sein einziger Freund war ein Jude Abraham, der ein ähnliches Geschäft besaß und wie er ein anständiger Mensch war. Lange bemühte sich Jeannot darum, seinen Freund zum Christentum zu bekehren, vergeblich.

Eines Tages sagte Abraham:

»Nun wohl, Jeannot, du wünschst, daß ich Christ werde, und ich bin geneigt, deinem Wunsche nachzukommen. Doch erst will ich nach Rom reisen und jenen sehen, von dem du sagst, er sei der Stellvertreter Gottes auf Erden. Ich will seinen Lebenswandel und den seiner Kardinäle anschauen. Und wenn sie mir so gefallen, daß ich aus ihrem Betragen erkenne, daß euer Glaube wirklich besser ist als meiner, werde ich mich taufen lassen.«

Als Jeannot diese Worte vernahm, wurde er traurig. Er dachte: Wenn Abraham an den römischen Hof geht und das ruchlose Leben der Geistlichkeit sieht, wird er nie Christ werden. Er versuchte, seinen Freund von der geplanten Reise abzubringen; doch Abraham wollte unbedingt nach Rom.

In der heiligen Stadt sah Abraham, daß hier alle hemmungslos in Wollust lebten, so daß man durch den Einfluß feiler Dirnen und Lustknaben ohne Schwierigkeiten die wichtigsten Angelegenheiten durchsetzen konnte; ferner, daß einer wie der andere dem Fressen, Saufen und Schlemmen ergeben war; schließlich, daß alle habgierig waren und Menschenblut und heilige Dinge, ob sie aus Opfergaben oder Kirchenpfründen herrührten, für Geld verschacherten und an sich rafften und einen schwunghaften Handel damit trieben, für den sie mehr Makler besaßen als in Paris die Tuchhändler. All dies und noch anderes mißfiel dem ehrbaren Juden aufs höchste.

Nach Paris zurückgekehrt, erklärte Abraham seinem Freund Jeannot auf die Frage, was er denn vom Heiligen Vater, den Kardinälen und den übrigen Höflingen halte:

»Ich fand sie ruchlos! Verdammt seien sie alle! Bei keinem einzigen Geistlichen fand ich Frömmigkeit, Gottesfurcht, Nächstenliebe, sondern nur Geilheit, Habsucht, Betrug, Neid, Stolz und andere Laster. Rom erschien mir als eine Werkstatt des Teufels. Mir scheint, daß der oberste Seelenhirt und mit ihm alle anderen Geistlichen, statt Fundament und Stütze der Kirche zu sein, nach besten Kräften auf jede erdenkliche Art und Weise darauf bedacht sind, die christliche Kirche zu zerstören und vom Erdboden verschwinden zu lassen. Weil ich aber sehe, daß nicht geschieht, was sie anstreben, daß im Gegenteil euer Glaube sich immer weiter ausbreitet und in immer klarerem Lichte erstrahlt, scheint mir das ein Beweis dafür, daß der Heilige Geist selbst das Fundament und die Stütze der Kirche ist. Das Christentum muß wahrer und heiliger sein als die anderen Religionen der Welt. Noch heute will ich mich taufen lassen.«

Das gibt's heute nicht mehr, oder?

Als der Abt von Fulda, mit einem Panzer angetan, mit dreißig gewappneten Pferden zugleich mit dem Kardinal Bernardino in Ulm einritt, sagte der Kardinal:
»Herr Abt, ist etwa auch Sankt Benedikt, Eures Ordens Stifter, mit so vielen und wohlgerüsteten Pferden einhergeritten?«
Darauf versetzte der Abt:
»Ehrwürdiger Vater, sind etwa auch die Kardinäle Sankt Peters mit so hübsch bedeckten Mauleseln, übergildeten Sätteln, seidenen Zäumen und solcher Pracht und Rüstung dahingezogen?«
(Heinrich Bebel)

Sagt er ungewollt die Wahrheit?

Kardinal NN starb just in dem Augenblick, in dem man glaubte, er habe das Schlimmste überstanden.
Sein Sekretär entwarf das Telegramm nach Rom: »Kardinal NN verschieden.«
Ein Priester sah den Text, fand ihn zu kurz und korrigierte: »Kardinal NN fromm verschieden.«
Einem dritten war auch das zu knapp. Schließlich erhielt der Vatikan folgendes Telegramm: »Kardinal NN ganz unerwartet fromm verschieden.«

Ein-Mann-Betrieb

»Es ist gewiß«, schreibt Liselotte von der Pfalz in einem Brief von 1690 aus Frankreich, »daß man die Religion und Gottesfurcht jetzt hier im Lande auf eine wunderliche Manier drehet; mir steht es gar nicht an und werde es schier bald machen als wie ein Engländer, so man Filding heißt:
den fragte Wendt zu Fontainebleau vor etlichen Jahren:
Seid Ihr Hugenotte, mein Herr?
Nein, sagte er.
Ihr seid also Katholik, sagte Wendt.
Noch weniger, antwortete der Engländer.
Ah, sagte Wendt, Ihr seid Lutheraner.
Keineswegs, sagte Filding.
Aber was seid Ihr denn? sagte Wendt.
Ich will es Euch sagen, sagte der Engländer, ich habe so eine kleine Religion für mich besonders.«

Geschäftsaufgabe

1968 löste sich die University Christian Movement durch Mehrheitsbeschluß selbst auf.
Als die Organisation ihre Geschäftsräume in dem Interchurch Center zu New York räumte, hängte sie ein Schild an die Tür:
»Geschäft eingestellt. Wußten nicht, was unser Geschäft war.«
Könnte das gleiche nicht auch eines Tages der Kirche passieren?

Reform

Lessings Fabel »Die Sperlinge« könnte veranschaulichen, daß eine Kirchenreform nicht allen gefällt:
Eine alte Kirche, welche den Sperlingen unzählige Nester gab, ward ausgebessert. Als sie nun in ihrem neuen Glanze

dastand, kamen die Sperlinge wieder, ihre alten Wohnungen zu suchen. Allein sie fanden sie alle vermauert. Zu was, schrieen sie, taugt denn nun das große Gebäude? Kommt, verlaßt den unbrauchbaren Steinhaufen!

Reichtum der Kirche

Im Laufe der Jahrhunderte hat sich die Auffassung darüber, worin der eigentliche Reichtum der Kirche bestehe, bei manchen geändert. Wie man in der Frühzeit dachte, zeigt eine Begebenheit im Leben des heiligen Laurentius. Als die kaiserliche Behörde von diesem Diakon der römischen Kirche verlangte, er solle die Schätze der Kirche herausgeben, ging er scheinbar darauf ein und nannte den kaiserlichen Beamten einen Termin, an dem er die Kirchenschätze übergeben wollte. Als die Beamten erschienen, führte Laurentius sie in einen Raum und sagte: »Das sind die Schätze der Kirche.«

Die Beamten erblickten zu ihrer Verblüffung lauter Bettler, Krüppel, Kranke und arme Schlucker.

Dreizehn Jahrhunderte später. Papst Pius IV. zeigte stolz seine prunkvollen Gebäude dem Pater Bartholomäus von den Märtyrern. Dieser bemerkte:

»Befiehl, daß diese Steine Brot werden.«

Konfessionen

Nordirland

Warum darf eine katholische Ehefrau nicht im Grabe ihres protestantischen Gatten beerdigt werden?
Susan Mitchell vermutet: Weil das die Vollkommenheit einer protestantischen Auferstehung beeinträchtigen könnte.

Es blieb dabei

Im 16. Jahrhundert wurden Luthers Lieder auch in katholischen Kirchen gesungen, z. B. in der Hofkapelle des Herzogs Heinrich von Wolfenbüttel. Der katholische Priester machte dem Herzog darüber Vorstellungen. Der Herzog fragte:
»Was für Lieder meinen Sie denn?«
Der Priester antwortete:
»Gnädiger Herr, zum Beispiel ›Es woll uns Gott genädig sein‹.«
Der Herzog rief:
»Ei, soll uns denn der *Teufel* gnädig sein?«

Er darf's

Ein protestantischer Pfarrer wetterte öfters dagegen, daß die Jungen des Dorfes im Flüßchen nackt badeten.
Als er sich einmal der Badestelle näherte, stoben die Jungen davon. Bis auf einen. Diesen Nackedei donnerte der Pfarrer mit einer langen Strafpredigt an.
Der Junge hörte sie ungerührt bis zu Ende an und stellte dann trocken fest:
»Ich bin katholisch.«

Nicht zuständig

In einer Kleinstadt begegnet dem katholischen Pastor auf der Straße ein Junge, der einen frischen Korinthenstuten trägt und sich die Korinthen herauspickt und schmecken läßt.
»Mein Sohn!« spricht der Pastor ihn an. »Du sollst nicht naschen!«
Der Junge antwortet:
»Erstens bin ich nicht Ihr Sohn. Zweitens sagte Mutter, ich solle einen Stuten ohne Korinthen holen. Und drittens bin ich evangelisch.«

Grenzen

Während des Zweiten Weltkriegs dienten ein Jude, ein Lutheraner und ein Katholik bei derselben amerikanischen Einheit. Trotz ihrer Religionsverschiedenheit waren sie gute Kameraden, ja Freunde. In Frankreich fiel der Lutheraner. Der katholische Dorfpfarrer erklärte den Freunden:
»Ich darf ihn nicht im Bezirk des katholischen Kirchhofs beerdigen; aber er soll dicht vor dem Kirchhofszaun sein Grab haben.«
So geschah es. Der Gefallene wurde im Beisein seiner Kameraden außerhalb des Kirchhofs bestattet.
Zwei Monate später wollten die beiden Freunde sein Grab besuchen. Nicht wenig staunten sie, als der Pfarrer ihnen einen Grabhügel innerhalb des Kirchhofzauns zeigte.
»Es ist alles in Ordnung«, erklärte der Pfarrer. »Ich durfte die Leiche nicht umbetten, aber es ist nicht verboten, den Zaun etwas nach außen zu verlegen.«

Krieg

»Du sollst nicht töten!«

Ein Kriegsdienstverweigerer, nach seinen Gewissensgründen gefragt, erklärte:
»Ich habe Angst.«
»Getötet zu werden?«
»Nein, zu töten.«

Warum nicht alle?

Der Kompaniechef gibt Befehle für den Angriff morgen früh um fünf Uhr.
»Es wird zum Kampf Mann gegen Mann kommen. Also: Seitengewehr aufpflanzen!«
Nach der Befehlsausgabe geht der Köbes zum Kompaniechef und sagt:
»Können Sie mir meinen Mann zeigen? Ich möcht' mich vorher mit ihm einigen.«

Kurie

Vom Geist verlassen

Monsignore Benigni kommt in den Himmel.
Er begegnet dem Heiligen Geist, der ihn nach seinem Namen fragt.
»Monsignore Benigni.«
»Kenn' ich nicht.«
»Aber ich war doch die letzten fünfzehn Jahre in der römischen Kurie!«
»Dort bin ich diese ganze Zeit nie gewesen.«

Viele Sinekuren

Papst Johannes XXIII. wurde einmal gefragt, wie viele Leute im Vatikan arbeiteten.
Er antwortete: »Die Hälfte.«

Leben nach dem Tode

Spekulation

Zwei Theologen, die viel über dasselbe Thema, nämlich über die letzten Dinge, nachgedacht und geschrieben hatten und trotzdem befreundet waren, verabredeten sich für den Fall, daß einer von ihnen sterben würde. Es sollte dann der Verstorbene dem Lebenden erscheinen und ihm melden, ob ihre Mutmaßungen über das Jenseits zuträfen. So geschah es.

Der Lebende fragte den ihm erschienenen verstorbenen Mitbruder und Kollegen:

»Taliter qualiter?« (Nun, ist es so?)

Die Antwort lautete:

»Totaliter aliter.« (Alles ist ganz anders.)

Leichenreden

Nicht wiederzuerkennen

Der Pfarrer predigt am Grab der Frau Schmitz aus Köln:

»... und so nehmen wir denn Abschied von einer Frau, deren Güte, Liebe und Geduld ebenso in aller Munde war wie ihre Bescheidenheit, ihr stilles sanftes Wesen und ...«

Mit wachsendem Staunen hört das der Mann der Verstorbenen. Jetzt dreht er sich um und flüstert zu seinem Freund:

»Neres, laß mer jon, mer sin am verkehrte Jrab.«

Leiden

Plausibel

Die große Mystikerin Teresa von Avila beklagte sich einmal im Gebet über die vielen Drangsale und Widerwärtigkeiten, unter denen sie zu leiden hatte.
»So behandele ich meine Freunde«, antwortete ihr der Herr.
Teresa versetzte:
»Darum hast Du auch so wenige.«

Lektüre

Franz von Sales wurde von Ordensschwestern gefragt, welche Lektüre er ihnen empfehle. Er antwortete:
»Die Bücher aller Autoren, deren Namen mit S anfangen: Sankt Paulus, Sankt Augustinus, Sankt Bernhard, Sankt Thomas, Sankt Ignatius, Sankt Teresa.«

Liebe

Das eine Notwendige

Ein alter Mann unterhielt sich gern mit seinem Enkel, der im zweiten Schuljahr war und ihn oft nach der Schule besuchte. Einmal schrieb er dem Jungen auf die Schiefertafel:
»Wenn Du fleißig lernst und gute Zeugnisse bekommst, gebe ich Dir, sobald Du achtzehn Jahre alt bist, 0000 Mark, damit Du studieren kannst.«
Der Junge lachte und sagte:
»Die Nullen gelten ja nichts, und wären es noch so viele.«
»Was müßte ich tun, damit die Nullen Wert bekommen?« fragte der Opa.

»Eine Ziffer davorsetzen, zum Beispiel eine Eins.«
»Nun«, sagte der Opa, »so will ich denn mit einer Eins das Nichts der Nullen in 10 000 verwandeln. So ist es auch mit unseren Taten: Sie alle sind leere Nullen, wenn nicht eins hinzukommt, das ihnen erst einen Wert gibt: die Liebe zu Gott und zu den Menschen.«

Grössere Liebe

Der heilige Gregor der Große erzählt vom heiligen Mönchsvater Benedikt von Nursia folgende Legende:
»Benedikts Schwester Scholastika, die von Kind auf Gott geweiht war, pflegte ihn einmal im Jahre zu besuchen. Der Gottesmann stieg zu ihr hinab zu einem Klosterbesitztum unweit der Pforte. Eines Tages kam sie wie gewohnt, und ihr ehrwürdiger Bruder ging mit seinen Jüngern zu ihr hinab. Sie verbrachten den ganzen Tag im Lobe Gottes und mit heiligen Gesprächen. Schon brach das Dunkel der Nacht herein, als sie gemeinsam speisten.
Während sie noch bei Tisch saßen und es unter heiligen Gepràchen immer später wurde, bat ihn die gottgeweihte Frau, seine Schwester:
›Ich bitte dich, verlasse mich diese Nacht nicht, damit wir bis zum Morgen von den Freuden des himmlischen Lebens sprechen können.‹ Er aber entgegnete ihr: ›Was sagst du, Schwester? Ich kann unter keinen Umständen außerhalb des Klosters bleiben.‹ Das Wetter war so heiter, daß sich keine Wolke am Himmel zeigte.
Als die gottgeweihte Frau die abschlägige Antwort ihres Bruders vernahm, legte sie die Finger ineinander, ließ die Hände auf den Tisch sinken und neigte ihr Haupt auf die Hände hinab, um so zu Gott dem Allmächtigen zu beten. Als sie dann das Haupt vom Tisch erhob, blitzte und donnerte es gewaltig, und es ging ein solcher Wolkenbruch nieder, daß weder der ehrwürdige Benedikt noch die Brüder einen Fuß vor die Tür setzen konnten. Denn

als die gottgeweihte Frau das Haupt auf ihre Hände hinabneigte, vergoß sie ganze Tränenströme auf den Tisch, und durch diese brachte sie den heiteren Himmel zum Regnen. Und diese Regenflut folgte nicht erst eine Weile nach dem Gebet; vielmehr waren Gebet und Flut so gleichzeitig, daß sie das Haupt vom Tisch schon mit dem Donner erhob ...

Da nun der Gottesmann sah, daß er unter Blitz und Donner und strömendem Regen nicht zum Kloster zurückkehren konnte, wurde er traurig und beklagte sich mit den Worten: ›Der allmächtige Gott sei dir gnädig, Schwester! Was hast du getan!‹ Sie antwortete ihm: ›Siehe, ich habe dich gebeten, und du hast mich nicht erhören wollen; da habe ich meinen Herrn gebeten, und er hat mich erhört. Gehe jetzt, wenn du kannst, verlasse mich und kehre zum Kloster zurück!‹

Da er das schützende Dach nicht verlassen konnte, blieb er gezwungen, nachdem er freiwillig nicht hatte bleiben wollen. Und so geschah es, daß sie die ganze Nacht durchwachten und sich gegenseitig durch heilige Gespräche über das geistliche Leben erquickten ...

Es darf uns nicht wundernehmen, daß die Frau, die ihren Bruder länger zu sehen wünschte, mehr als er vermochte; denn weil nach dem Worte des Johannes Gott die Liebe ist, vermochte nach einem gerechten Entschlusse Gottes jene mehr, die mehr liebte.«

Liturgie

Schlechte Manieren

In einer Dorfkirche pflegten die Burschen, die oft nicht wissen, wohin mit ihren Armen und Beinen, sich so über die Brüstung der Orgelbühne zu legen, daß die Arme plump herabhingen. Mahnungen des Pfarrers nutzten nichts.

Da richtete dieser beim Kirchweihfest nach seiner Predigt noch folgende Worte an die Gemeinde:
»Weil heute Kirchweih ist, will ich noch einiges über die Vergangenheit unseres Gotteshauses sagen. In einer alten Handschrift steht geschrieben: Wo heute unsere Kirche steht, war früher eine Scheune. Davon haben wir jetzt noch einen Beweis. Denn seht, dort von der Orgelbühne hängen noch die Flegel herunter.«
Die Leute schauten sich um, und sofort zogen sich die langen Arme zurück und wurden nie mehr gesehn.

Gute Manieren

In einer episkopalen Kirche in Atlanta sollte zur Einführung des neuen Pfarrers der Gottesdienst mit einer feierlichen Prozession eröffnet werden. Schon hatten Kreuzträger, Akoluthen und Klerus in der Sakristei Aufstellung genommen, bereit, durch das Schiff zum Altar zu ziehen, und schon hatte die Orgel die Prozessionshymne intoniert, als Miß May, eine kleine alte Dame, angetan, wie es sich gehört, mit Hut und Handschuhn, hereinkam und durchs Schiff ihrem Platz in einer der ersten Bänke zustrebte. Gemeindemitglieder, die, in ihr Gesangbuch vertieft, das Lied sangen, gewahrten Be-

wegung im Schiff und verneigten sich, wie sie meinten, vor dem Vortragskreuz. Miß May, nicht ahnend, was hinter ihr war, nickte nach rechts und links, hielt kurz vor ihrer Bank und sagte – laut genug, daß alle es hören konnten:
»Es freut mich zu sehn, daß es immer noch gute Manieren in der Welt gibt.«

Eindrucksvoller Ritus

Ein Bischof weihte eine neue Kirche in Afrika. Die Einrichtung war noch nicht vollständig, deshalb hatte man als Bischofsstuhl eine mit einer Decke verhüllte Seifenkiste hingestellt.
Während der Zeremonien krachte die Kiste zusammen, und der Bischof fiel zu Boden. Niemand lachte.
Nach dem Gottesdienst wußte der Pfarrer der neuen Kirche vor Verlegenheit kaum, wie er den peinlichen Vorfall entschuldigen sollte.
Der Bischof aber bemerkte gütig:
»Ich muß schon sagen, die Selbstbeherrschung, die Ihre Gemeinde angesichts des kleinen Malheurs zeigte, hat mich sehr beeindruckt.«
»Ach«, versetzte der Pfarrer, »die Leute glaubten, das sei ein Teil der Liturgie.«

Neuerung

Ein Berliner Handwerker führte einen Besucher von auswärts in den Dom.
Während der Liturgie wurde von einem Wahnsinnigen auf den Prediger geschossen.
In der allgemeinen Aufregung sagte der Berliner zu seinem Gast:
»Nanu, det war doch früher nich!«

Liturgie vor der Reform

Liturgieverständnis

Ein nichtkatholischer Junge erlebte zum erstenmal eine katholische Messe. Zu Hause gefragt, wie es denn war, berichtete er:
»Zuerst kam ein verkleideter Mann, dem ein verkleideter Junge den Hut wegnahm. Nach einer Weile bückte sich der Mann, schaute nach rechts, schaute nach links, ging eine Treppe hoch, schaute auch da nach, drehte sich um und rief mit ausgebreiteten Armen: ›Wo ist mein Hut?‹ Der verkleidete Junge half ihm suchen. Dann wurde für einen neuen Hut gesammelt. Am Schluß war der Hut auf einmal wieder da. Aber das Geld haben wir doch nicht wiedergekriegt.«

Latein

Ein protestantischer Rittmeister nahm an einer katholischen Trauung teil. Nach dem Brautamt sagte er dem Pfarrer:
»Hat mir tadellos gefallen, wie Sie das machen! Vor allem großartig finde ich, daß im Frühling auch die Pferde gegrüßt werden sollen.«
»Die Pferde?« wunderte sich der Pfarrer.
»Ja, ja. Hab genau aufgepaßt: Vere dignum et justum est, aequum et salutare.«

Schleichwerbung

Henry Ford wurde vom Papst in Privataudienz empfangen. Er fragte den Heiligen Vater, ob er eine Bitte tun dürfe.
»Gewiß, mein Sohn«, sagte der Papst huldvoll. »Um was handelt es sich?«
»Heiliger Vater! Ich bitte sehr darum, anzuordnen, daß in

der heiligen Messe an nicht zu unauffälliger Stelle der Name Ford gesprochen wird.«
»Aber, mein Sohn!« sagte der Papst leicht entsetzt, »das können Wir nie und nimmer.«
»Darf ich dann wenigstens Eure Heiligkeit bitten, daß der Name der Konkurrenz aus der Meßliturgie gestrichen wird?«
»Konkurrenz?«
»Ja, Heiliger Vater: ›Fiat voluntas tua.‹«

Dreimal an die Brust schlagen

Da war mal ein westfälischer Pastor, der ging für sein Leben gern auf die Jagd.
Er kleidete sich gerade in der Sakristei zur heiligen Messe an. Da kam der Küster hereingelaufen und sagte, draußen hinterm Pastoratsgarten säßen Rebhühner.
»Dann hal mi gaue mine Flinte!« befahl der Pastor.
Der Küster lief und kam bald mit der Flinte wieder. Der Pastor zielte durchs Fenster der Sakristei und schoß zwischen das Hühnervolk. Der Küster lief hin und brachte ein Huhn. Der Pastor steckte es rasch, denn es war höchste Zeit, unter seine Albe oberhalb des Zingulums, warf die Kasel über und trat an den Altar.
Beim Staffelgebet merkte er, daß das Tier noch lebendig war und an seiner Brust zappelte.
»Waochte äs«, flüsterte da der Pastor, »glicks bi mea culpa, daor sall ick di wall kriegen!«
(Warte nur, gleich beim mea culpa, da werde ich dich wohl kriegen!)

Moral

Alles hat seine Grenzen

A.: »In unserer Zeit ist alles erlaubt.«
B.: »Keineswegs! Sie dürfen zwar nackt über den Zebrastreifen gehn, aber nicht bei Rot.«

Kasuistik

A.: »Ihre Mutter und Ihre Frau befinden sich in einem brennenden Hause. Sie können aus bestimmten Gründen nur eine von beiden retten. Wie entscheiden Sie sich?«

B.: »Ich will Ihnen in aller Aufrichtigkeit sagen, welche Entscheidung für mich die einzig mögliche ist. Ich ergriffe den Fragesteller und würfe ihn in die Flammen. Mögen sein Angstschweiß und seine Jammertränen das Feuer löschen! Ihn bin ich los und behalte Mutter und Frau – was kann mir Besseres geschehen? Was aus ihm wird, soll mir gleich sein. Er hat sein Los verdient. Es ist eine legale Ketzerverbrennung.«

»Richtet nicht!«

Drei Einsiedler lebten so heilig, daß Gott für sie täglich ein eigenes Wunder veranstaltete: Wenn sie im Fluß baden wollten, hängten sie ihr Gewand in den Wind, und das blieb hängen.

Eines Tages waren die drei wieder im Wasser. Da sahen sie, wie ein Raubvogel herniederstieß, einen Fisch schnappte und davonflog. Der erste Einsiedler sagte: »Böser Vogel!« Da fiel sein Gewand zu Boden.

Der zweite Einsiedler sagte: »Armer Fisch!« Auch sein Gewand fiel zu Boden.

Der dritte sagte nichts, sondern blickte dem Vogel schweigend nach. Sein Gewand blieb in der Luft.

Pfarrgemeinde

Entschuldigungen

Ein Pfarrer, der früher regelmäßig die Veranstaltungen auf dem Fußballplatz besuchte, hatte sich dort lange nicht

mehr blicken lassen. Eines Tages fragte ihn ein Vorstandsmitglied des Sportvereins nach den Gründen. Der Pfarrer antwortete:
»Die gleichen, die auch ich immer höre: Jedesmal wird Geld gesammelt. Noch nie kam der Trainer mich begrüßen. Die Sitzplätze sind zu hart. Die Leute, neben die man zu sitzen kommt, sind unsympathisch. Der Schiedsrichter traf eine Entscheidung, mit der ich nicht einverstanden war. Das Spiel dauert manchmal länger als vorgesehn. Die Musikkapelle spielt Lieder, die ich noch nie gehört habe. Die Spiele werden zu einer Zeit angesetzt, zu der ich etwas anderes vorhabe. Und überhaupt: In meiner Kindheit haben mich meine Eltern zu oft zum Fußballplatz mitgenommen.«

Clique

Ein Pfarrer erhielt einen Brief, in dem ein Herr sich darüber beschwerte, daß die Pfarre von einer Clique beherrscht werde. Das Antwortschreiben des Pfarrers lautete:

»Sehr geehrter Herr Meckmayer,
für Ihre Mitsorge um das Leben unserer Gemeinde danke ich Ihnen sehr. Eine Überprüfung Ihrer Beschwerde ergab, daß Ihre Behauptung ganz und gar zutrifft. Außerdem stellte sich folgendes heraus: Die Clique setzt sich zusammen aus Gläubigen, die regelmäßig unsere Gottesdienste und Versammlungen besuchen, bereitwillig Posten im Kirchenvorstand, im Pfarrgemeinderat, in der Pfarrcaritas und in anderen Gremien übernehmen und dabei Zeit und Kraft unentgeltlich opfern in der Überzeugung, daß man um so mehr von seiner Kirche etwas hat, je mehr man etwas für sie tut.
Ich schlage Ihnen vor, sich der Clique anzuschließen, was gar nicht schwierig ist. Kommen Sie nur zu unseren Zusammenkünften, machen Sie konstruktive Vorschläge

und beteiligen Sie sich an unseren Aktivitäten – und Sie werden, ehe Sie sich's versehen, ein Mitglied der Clique sein.

Mit freundlichen Grüßen

Ihr sehr ergebener

Topelius, Pfr.«

Schlimm

Der Pfarrer von Appelhülsen erregte sich auf der Kanzel: »Wenn ich einst vor dem ewigen Richter stehe und er mich fragt: ›Pastor von Appelhülsen, wo sind deine Schafe?‹, dann kann ich nur sagen: ›Ich hatte keine Schafe, ich hatte nur Böcke.‹«

Pfründen

Liquidation

Obwohl Kardinal Mazarin die Fähigkeit besaß, mit seinem Gewissen auch in bedenklichen Fällen durch diplomatische Verhandlungen einig zu werden, schien es ihm bei wachsender Altersschwäche doch ratsam zu sein, mit seinem Beichtvater, einem wackeren Theatinermönch, über

die kommende Auseinandersetzung mit der himmlischen Gerechtigkeit zu sprechen.
»Sie müssen alle irdischen Güter, die Sie unrechtmäßig erworben haben, zurückgeben«, sagte der Beichtvater.
»Ich besitze nur, was ich der Gnade meines Königs verdanke«, antwortete Mazarin kühl.
»Hier ist«, gab der Mönch lehrhaft zurück, »aber immer noch zu unterscheiden zwischen dem, was Ihnen der König geschenkt hat, und dem, was Sie sich willkürlich genommen haben.«
Mazarin sah nachdenklich zu Boden.
»Tja«, sagte er mit einem Seufzer, »dann werde ich wohl alles wieder hergeben müssen.«

Dompfaffen

In früheren Zeiten ließen sich Domherren beim täglichen Gebet im Dom durch bezahlte Sänger vertreten.
Ein Domherr ging einmal über den Münsterschen Send und stellte sich breit und selbstgefällig vor eine Bude hin, wo Dompfaffen zu kaufen waren.
»Ja, lieber Mann«, sagte er, »wissen Sie denn auch, weshalb die Vögel, die Sie dort verkaufen, Dompfaffen heißen?«
»Jau«, sagte der Verkäufer, »se friätt viell un singt gar nich!«

Predigt

Erstaunlich

Der Küster an der Universitätskirche zu Cambridge beging sein fünfzigjähriges Amtsjubiläum. Er sagte:
»Ich muß für viele Dinge dankbar sein. Vor allem für dies: In diesen fünfzig Jahren habe ich jede Predigt in dieser Kirche gehört, und ich bin immer noch ein Christ.«

Nicht betroffen

In einer englischen Pfarrkirche predigte um 1780 einmal der Pfarrer so ergreifend, daß die ganze Gemeinde in Tränen schwamm. Nur ein Herr saß ungerührt da. Sein Nebenmann wunderte sich darüber und fragte, ob er schwerhörig sei oder ob ihm die Predigt des Pfarrers nicht gefalle. Der Herrr antwortete:
»Ich bin nicht aus seiner Pfarre.«

Interessenperspektive

Der Hohentannenschuster wohnte in einem Weiler zwischen zwei Kirchdörfern. Er ging meistens in die Kirche des fremden Pfarrsprengels, und das kränkte den Pfarrer, zu dessen Gemeinde er gehörte. Dieser fragte deshalb den Schuster, ob vielleicht im anderen Dorf die Predigt besser sei. Darauf der Schuster treuherzig:
»Ach nein, Herr Pfarrer, mit der Predigt ist das gehupft wie gesprungen; aber das Bier ist halt drüben besser.«

Der reinen Lehre verkehrte Nutzanwendung

Was hilft vom Prediger der reinen Lehre Spendung?
Der Hörer macht davon verkehrte Nutzanwendung.
Aus einer Predigt kam ein Geizhals tief gerührt,
Wo ihm des Wohltuns Pflicht ward zu Gemüt geführt.
Er sprach: »So hat mich nie ein Wort bewegt im Leben;
Wie schön, wie edel ist's, den Armen reichlich geben!
O ließ' ein Reicher nie hartherzig Bettler stehn!
Entschließen möcht ich mich und selber betteln gehn.«

(Friedrich Rückert)

Enttäuschung

Die Schläfrigen bei der Predigt wachzuhalten, hatte der alte Pfarrer Rixius im Lauf der Jahre manche List angewandt, vergebens. Eines Sonntags aber, als er über das Bibelwort zu predigen begann: »Denn der Mensch siehet, was vor Augen ist, Gott aber siehet das Herz an«, da geschah, was ihm seit Jahren nicht mehr begegnet war: Die Augen seiner Pfarrkinder ließen nicht von ihm ab. Rixius freute sich. Endlich hatte er den Weg in ihre Herzen gefunden! So kam er in Wärme und fühlte selber die Kraft seiner Worte.

Aber als er nachher fröhlich in die Sakristei kam, trat ihm der Küster kopfschüttelnd entgegen und führte ihn vor den Spiegel. Rixius hatte vergessen, seine Zipfelmütze abzulegen, und auf diese, nicht auf seinen Mund, hatten sich die Augen der Gemeinde geheftet.

Da wollte sich der alte Pfarrer zu Tode schämen über seine Vergeßlichkeit und seine Schande. Aber als er so in Trübsal saß, fand der Küster ein Wort, das ihn herausriß: »Sie sahen, was vor Augen ist«, wandte er den Text auf die Gemeinde an. Dem Pfarrer war es, als lächele Gott über die Torheit, daß er sich etwas auf die Wirkung seiner Worte eingebildet hatte.

Illusionslos

Ein Herr gratulierte Schleiermacher, weil seine Predigten einen so großen Zulauf hatten.
»Ach«, bemerkte der Theologe trocken, »das liegt keineswegs an meinen Predigten. Sehn Sie, mein Publikum setzt sich aus drei Gruppen zusammen: Studenten, Damen, Offiziere. Die Studenten kommen, weil ich Mitglied der Examenskommission bin. Die Damen kommen der Studenten wegen, und die Offiziere kommen der Damen wegen.«

Priester

Falsche Instanz

Turbulenter Flug über den Atlantik.
Ein Priester liest sein Brevier.
Eine Frau gerät in Panik und schüttelt seinen Arm: »Können Sie nichts tun?«
»Gnädige Frau, ich bin in der Verkaufsabteilung, nicht in der Direktion.«

Priesternachwuchssorgen

Ein junger Vikar predigte in einer Frankfurter Kirche. Von der Kanzel bemerkte er, daß eine Frau laut weinte und schluchzte. Nach dem Gottesdienst beeilte er sich, diese Frau zu erreichen, und fragte sie, ob seine Predigt sie so ergriffen habe. Da sagte die Frau:
»Na, Herr Vikar, dodriwer hab ich net geflennt. Awer ich hab e Sohn, un der studiert ach Theologie. Un wie Se uff der Kanzel gestenne hawe, da hab ich gedacht: Wann des mei Schoorsch emol net besser mecht wie de Herr Vikar, do is jo des ganze scheene Geld enaus geschmisse.«

Wo bist du?

Als Rabbi Schnëur Salman, weil man ihn verleumdet hatte, in Petersburg gefangen saß und dem Verhör entgegensah, kam der Oberste der Gendarmerie in seine Zelle, um ihn kennenzulernen.
Am Schluß des Gesprächs fragte der Oberste: »Wie ist es zu verstehen, daß Gott, der alles weiß, zu Adam spricht: ›Wo bist du?‹«
Der Rabbi antwortete: »In jeder Zeit ruft Gott jeden Menschen an: ›Wo bist du in deiner Welt? Von den dir zugemessenen Jahren und Tagen sind so viele vergangen. Wie weit bist du gekommen?‹ So etwa spricht Gott: ›46 Jahre hast du gelebt. Wo bist du jetzt?‹«
Als der Oberste die Zahl seiner Lebensjahre nennen hörte, legte er dem Rabbi die Hand auf die Schulter und rief: »Bravo!« Aber sein Herz flatterte.

Lehren der Dinge

»Aus allem können wir etwas lernen«, sagte ein weiser Mönch. »Nicht nur alles, was Gott erschaffen hat, vermag uns zu lehren, auch alles, was der Mensch gemacht hat.«
Da fragte ein Novize zweifelnd: »Was können wir vom Telegrafen lernen?«
»Daß jedes Wort gezählt und angerechnet wird.«
»Und vom Telefon?«
»Daß man dort hört, was wir hier reden.«
»Und vom versteckten Bandaufnahmegerät?«
»Daß auch unsere geheimsten Reden in Ewigkeit bewahrt bleiben.«

Redlichkeit

In einem weit entfernten Lande traten einst zwei Bauern vor den Richter. Der eine sagte: »Ich habe von meinem Nachbarn hier ein Grundstück gekauft. Als ich es umgrub, fand ich einen Schatz darin, den kann ich mit gutem Gewissen nicht behalten; denn ich kaufte nur den Boden und habe an dem Schatz kein Recht.«

Der andere sagte: »Ich kann das viele Gold und Silber ebensowenig mit gutem Gewissen annehmen. *Ich* habe das Geld nicht vergraben, und es gehört mir also nicht. Überdies verkaufte ich dem Nachbarn den Boden mit allem, was darin ist, und behielt mir nichts vor.«

Beide sagten: »Entscheide nun du, weiser Richter, wem der Schatz gehöre!«

Der Richter sprach zu ihnen: »Ich habe gehört, der Sohn des einen und die Tochter des andern wollen einander heiraten. Gebt den zwei Kindern den Schatz zum Heiratsgute.«

Die ehrlichen Männer versprachen, es zu tun, und gingen erfreut nach Hause. Ein fremder Mann, der dabeistand, war höchst erstaunt und sagte:

»In meinem Lande wäre die Sache anders gegangen. Der Käufer hätte nicht daran gedacht, dem Verkäufer nur einen Heller zu geben, und hätte deswegen den Schatz verheimlicht. Wäre ihm dieses nicht gelungen, so hätte der andere geklagt und den Schatz für sich gefordert. Der Prozeß aber, der daraus entstanden wäre, hätte vielleicht mehr gekostet als der ganze Schatz betrug.«

Der Richter verwunderte sich und sprach: »Scheint in deinem Land auch die Sonne?«

»O ja«, sagte der Mann.

»Regnet es dort auch?« fragte der Richter weiter.

»Freilich«, sagte der Mann.

»Das ist sonderbar«, sprach der Richter; »allein, gibt es bei euch auch Kühe und Schafe?«

»Sehr viele«, sagte der Fremde.

»Nun wohl«, rief der Richter, »so wird der liebe Gott wegen dieser unschuldigen Tiere in jenem Lande die Sonne scheinen und es regnen lassen. Denn ihr verdient es wahrhaftig nicht.« (Christoph von Schmid)

Eindrucksvoller

Ein Bäcker betet beim Gottesdienst mit gewaltigem Stimmaufwand. Da sagt ihm sein Nebenmann:
»Glaub mir, mit kleineren Schreien, dafür aber mit etwas größeren Brötchen würdest du beim lieben Gott besseren Eindruck machen.«

Guter Rat

Ein Quäker, der von Bristol nach London gekommen, ließ sich in dem Wirtshaus, in das er eingekehrt war, einen Schoppen Bier geben. Er bemerkte, daß das Maß nicht richtig sei, und fragte darauf den Wirt unbefangen:
»Wieviel Faß Bier verzapfst du wohl in einem Monat?«
»Zehn, Herr.«
»Du möchtest gewiß gern elf verzapfen, nicht wahr?«
»Ei freilich! Je mehr, je lieber!«
»Dann will ich dir einen guten Rat geben: Gib volles Maß!«

Religionen

Die Eintrittskarte

Ein russisch-orthodoxer Bischof, so erzählt Lesskow, war betrübt darüber, daß seine Missionsversuche unter den Buddhisten und Lamaisten Sibiriens fehlschlugen. Ein weiser Mönch tröstete ihn:
»Du siehst dir die Sachen an and ärgerst dich. Ich aber

freue mich immerzu. Ich denke, Eminenz, daß wir alle zu *einem* Gastmahl gehen. Siehst du, wir beide sind getauft, und das ist gut so. Uns ist damit gleichsam eine Eintrittskarte zum Festmahl gegeben. Und wir gehen auch hin und wissen, daß wir eingeladen sind, weil wir ja eine Karte haben. Jetzt sehen wir aber, daß neben uns ein Menschlein ohne Karte auch dorthin wandert. Wir denken: Das ist ein Dummkopf. Es hat doch gar keinen Sinn, daß er hingeht. Man wird ihn gar nicht hereinlassen. Wenn der hinkommt, jagen ihn die Türhüter davon. Wenn wir aber angekommen sind, werden wir sehen: Die Türhüter jagen ihn freilich davon, weil er keine Karte hat; der Gastgeber aber sieht es, und vielleicht befiehlt er, ihn hereinzulassen, und sagt: ›Ist nicht schlimm, daß er keine Karte hat, ich kenne ihn auch so. Komm nur her, tritt ein!‹ Und wird ihn hereinführen, und siehe da, womöglich erweist er ihm größere Ehre als manchem, der mit einer Karte gekommen ist.«

Der Unterschied

Ein Moslem und ein Christ fanden sich als Nachbarn in einem Flugzeug, das zum Nahen Osten flog. Die Konversation zwischen ihnen war freundlich; aber bevor sie sich trennten, sagte der Moslem:
»Eigentlich tun Sie mir leid. Ich gehe nach Mekka und sehe dort Grab und Leichnam Mohammeds. Sie aber gehen nach Jerusalem, und alles, was Sie vorfinden werden, ist ein leeres Grab.«
Der Christ antwortete:
»Sir, genau das ist der Unterschied.«

Verzichte

In einem Zugabteil kamen vier Herren miteinander ins Gespräch. Schließlich packte einer von ihnen, ein Schwede, seinen Reiseproviant aus und bot den anderen an: Aqua-

vit aus einer Reiseflasche mit Silberbecherchen, Eier und schinkenbelegte Sandwiches. Jeder langte dankbar zu, aber mit Einschränkungen.
Der eine lehnte höflich den Aquavit ab: »Ich bin Moslem und trinke keinen Alkohol.«
Der zweite wies dankend den Schinken zurück: »Wir Juden essen nichts vom Schwein.«
Der dritte wollte ebenfalls keine Schinken-Sandwiches: »Heute ist Freitag, und ich bin katholisch.«
»Komisch«, bemerkte der Schwede. »Jede Religion verbietet etwas Leckeres. Warum bloß?«
»Alle, die an Gott glauben«, antwortete der Katholik, »verzichten gern auf etwas aus Liebe zu Gott.«
Der Schwede wurde verlegen und brummte: »Ich glaube auch an ein höheres Wesen. Ich bin auch religiös, wissen Sie, aber nicht konfessionell gebunden.«
»Und auf was verzichten Sie?« fragte der Jude.
Peinliche Pause. Endlich, um nicht hinter den anderen zurückzustehn, sagte der Schwede schnell:
»Aufs Beten.«

Säkularisierung

Fest der Geschenke

Weihnachtsrummel in Amerika.
Eine Frau steht vor einem Schaufenster voll potentieller Weihnachtsgeschenke und bemerkt die Krippe, die den Hintergrund der Dekoration bildet.
»Du meine Güte!« ruft sie. »In alles bringen sie die Religion hinein. Schau, sie verquicken sie jetzt sogar mit Weihnachten!«

Schöpfung

Tadellos

Der beliebte Düsseldorfer Pastor Gerst hatte als Aushelfer in einem Dorf zu predigen. Er legte der ländlichen Gemeinde dar, daß Gottes Güte und Weisheit alles vollkommen und schön gemacht habe: den Mückenstachel noch feiner als die sauberste Aachener Nadel, die Blüte in Glanz und Duft unnachahmlich, die Schneesternchen wie Prachtdiamanten. Ja, die Welt sei eine einzige Herrlichkeit, und ihre tadellose Einrichtung zu kritisieren wäre völlig abwegig.

Da stellt sich ihm nach Schluß des Gottesdienstes ein Verwachsener in den Weg, wehmütig und bescheiden auf seinen Buckel hindeutend:

»Saht, Här Pastor, off eener en der Welt dat ooch schön fenge kann?«

Aber Pastor Gerst, gerührt, weiß auch da Trost:

»Dat Ehr 'ne Puckel hat, dat süht mer. Ever, Ohre Puckel es ganz dadellos und vör 'ne Puckel och ganz schön.«

Schutzengel

Versager

Pastor Harms in Hermannsburg besuchte einen Bauern, der vom Dach gefallen war, tröstete ihn und sagte, die lieben Engel hätten ihn doch wunderbar behütet.

Darauf der Bauer, indem er sich die Kehrseite reibt: »Och, och, Herr Paster, dat seggt Se woll. De leiwen Engel heft me äwer bannig up'n Oas sett.«

Sekten

Einheit an falscher Stelle

England ist aus zwei Gründen berüchtigt: Es hat eine Vielzahl von Sekten und Religionsgemeinschaften, und es hat eine ziemlich eintönige Küche.
Dies veranlaßte einen französischen Witzbold, in dessen Land die Verhältnisse umgekehrt liegen, zu dem Bonmot: »Die Engländer haben hundert verschiedene Religionen, aber nur *eine* Soße.«

»Religiöse Bedürfnisse«

Auf der Straße von Schlegel nach Neurode geschah es (so erzählt Josef Wittig), daß ein junger Inspektor vom Schlegeler Gutshofe den Leinenweber und Küster August Strangfeld einholte, der gerade nach Neurode »liefern« fuhr. Der Inspektor äußerte das Bedürfnis nach einer Aussprache über religiöse Dinge. Der Küster aber wehrte ab. Er brauche sein bißchen Atem zum Wagenziehen. Der Inspektor aber redete weiter, bis er zu dem Satz kam: »Ich bin schon in allen möglichen Kirchen und Sekten gewesen, aber keine vermochte meine religiösen Bedürfnisse zu befriedigen.«
Da hielt der Küster ein, steckte seinen Daumen zwischen Schulter und Zugband und sagte:
»Na, da tun Sie mir gleich ein wenig den Wagen schieben! Da können Sie Ihr religiöses Bedürfnis befriedigen.«

Sexualmoral

Sechstes Gebot

Das Jüngste Gericht hat begonnen. Alle Menschen stehen versammelt und warten auf ihr Urteil.
Ein Erzengel ruft: »Sünder gegen das erste Gebot – links raus! Ab in die Hölle!« Und jeder Sünder gegen das erste

Gebot wird von seinem Schutzengel nach links geschoben in Richtung Höllenrachen. Dann ruft der Erzengel: »Sünder gegen das zweite Gebot – links raus! Ab in die Hölle!« So werden alle Gebote der Reihe nach abgehakt. Beim sechsten Gebot geschieht eine ungeheure Massenbewegung. Die ganze Menschheit wird auf die linke Seite geschoben mit Ausnahme eines kleinen Paters, der als einziger auf der rechten Seite übrig bleibt.
Da fleht die Mutter Gottes ihren Sohn an: Unmöglich könne er so viele Menschen verdammen.
Der Weltenrichter entscheidet: »Begnadigt!«
Da macht der kleine Pater ein verdrießliches Gesicht: »Das hätte man uns aber früher sagen können!«

Sittlichkeit

Reduzierter Dekalog

Der katholische Feldgeistliche ist betrübt. Seine Division liegt an der Front, aber kaum eins seiner Schäflein kommt zur Beichte. Da geht er mal durch die Unterstände und fragt nach dem Warum.
»Wozu, Herr Pfarrer?« sagt da ein Mann. »Schaun's – stehlen, dös is jetzt im Krieg erlaubt, und Madels gibt's hier draußen keine.«

Stolgebühren

Auf seiner Rußlandreise war Münchhausen eines Tages völlig abgebrannt. Er hatte weder Diener noch Pferd und irrte zu Fuß in der Stadt umher. Da fand er vor einer Kirche eine Frau mit ihrem Kind auf der steinernen Treppe sitzen und weinen.
»Was fehlt dir?« fragte er freundlich.

Die Frau erzählte:
»Drei Stunden weit bin ich hergekommen, meinen Knaben taufen zu lassen. Aber der Pope verlangt zwei Rubel dafür, und die hab' ich nicht.«
»Ich bin zwar nur noch um dieses Fünfrubelstück reicher als du«, sagte Münchhausen hilfsbereit, »aber nimm es, laß dein Kind taufen und bring mir die drei Rubel Wechselgeld zurück! Ich warte so lange auf dich.«
Er setzte sich statt der Frau auf die Treppe, bis sie glückstrahlend aus der Kirche zurückkam. Mit der linken das Kind tätschelnd, streckte sie mit der Rechten die drei Rubel hin. Als Münchhausen die in die Westentasche gesteckt hatte, wollte die Frau ihrem Wohltäter die Hand küssen.
Das aber wehrte Münchhausen ab.
»Uns ist allen dreien geholfen«, sagte er gönnerhaft. »Dein Kind ist getauft und kann in den Himmel kommen; der habsüchtige Pope hat seine zwei Rubel eingesackt; und ich bin mein falsches Fünfrubelstück los.«

Stolz

Widerlich

Ein frommer Mann zog seines Weges, und es fügte sich, daß der Prophet Elija eine Strecke mit ihm zusammen ging. Da sahen sie einen Tierkadaver auf dem Felde liegen, der großen Gestank verbreitete. Der fromme Mann hielt sich mit den Fingern die Nase zu. Elija aber ging dicht an dem Aas vorbei und schien nichts zu merken. Als sie ein Stück weitergegangen waren, begegnete ihnen ein Mensch, der überheblich und hoffärtig tat. Da legte Elija, als der Stolze näher kam, die Finger an die Nase.
Da fragte der fromme Mann:
»Warum hielt mein Herr nicht vor dem Aas die Nase zu?«
Elija antwortete:
»Dieser hier stinkt schlimmer als das Aas.«

Hautevolée

Abraham a Sancta Clara, der berühmte Prediger im Wien des 18. Jahrhunderts, sagte eines Sonntags auf der Kanzel:
»Es gibt in den feinen Kreisen am Hofe Damen, die sind nicht wert, daß man sie anspuckt.«
Aufgrund zahlloser Proteste mußte der Pater am nächsten Sonntag widerrufen. Er tat das mit den Worten:
»Letzten Sonntag sagte ich: ›Es gibt in den feinen Kreisen am Hofe Damen, die sind nicht wert, daß man sie anspuckt.‹ Ich widerrufe und behaupte das Gegenteil: Sie sind es doch wert.«

Sünder

Wir sind alle Sünder

Ein Spaßvogel schickte eines Tages den dreißig prominentesten Persönlichkeiten in Rio das gleiche Telegramm:
»Alles ist entdeckt. Flieh, solange es möglich ist!«
Sämtliche dreißig verließen eiligst die Stadt.

Sünder allzumal

Ein Divisionspfarrer (ich vergaß, ob es eine ESAK, d. h. eine Evangelische Sünden-Abwehr-Kanone, oder eine KaSAK, eine Katholische Sünden-Abwehr-Kanone, war) schrieb während des Krieges die Verse:

Einst hatte jemand einen Woilach verloren
und sich deshalb einen andern »erkoren«.
Derjenige, dem er nun wurde gestohlen,
ging hin, um sich einen Ersatz »zu holen«.
Der nächste war davon wenig erbaut
und hat sich nun seinerseits einen »geklaut«.
Der, den man beraubt, hat ungeniert
nun schleunigst wieder »requiriert«.

Und derjenige, dem nun dieses geschehen,
ließ wiederum einen »in Deckung gehen«.
Der nächste war ganz voll Wut und schnaufte –
was half das alles? Er ging und »kaufte«.
Der folgende »klemmte« ganz unverfroren
einen Woilach vom Pferde des Herrn Pastoren.
Doch auch dessen Zorn wurde bald geglättet:
Der Pfarrer hat sich selbst 'nen Woilach »gerettet«.

Umkehr

Zu Rabbi Wolf kam einer und verklagte einige Leute, weil sie ihre Nächte mit Kartenspiel verbrachten.
»Das ist *gut*«, sagte der Rabbi. »Wie alle Menschen wollen auch sie Gott dienen und wissen nicht wie. Aber nun lernen sie sich wach halten und bei einem Werk ausharren. Wenn sie darin Vollkommenheit erlangen, brauchen sie nur noch umzukehren – und was für Gottesdiener werden sie dann sein!«

Felix culpa

»Was muß man tun, Kinder, damit uns Gott unsere Sünden verzeiht?«
Ein Junge hebt den Finger:
»Erst muß man mal sündigen.«

»Das Böse ist Mangel an etwas Gutem«

Ein junger unverheirateter Mann beichtet, er habe mit dem Mädchen, das er liebt, geschlechtlich verkehrt.
»Das ist nicht in der Ordnung«, stellt der Beichtvater sachlich fest.
Nach der Absolution und dem Amen wendet der Beichtvater sich noch einmal dem Pönitenten zu und sagte: »Aber schön war's doch, nicht wahr?«

Theologen

Überholt

Zwei Theologiestudenten des achten Semesters stritten sich im Jahre 1968 über eine Glaubensfrage.
»Das glaubt doch kein ernstzunehmender Theologe mehr«, rief der eine.
»Hältst du den holländischen Professor X. nicht für einen ernst zu nehmenden Theologen?« fragt der andere.
»Freilich.«
»Nun, in seinem Buche ›. . .‹ lehrt er noch so.«
»Wann ist denn das erschienen?«
»Erst vor zwei Jahren.«
»Längst überholt!« sagte der erste mit wegwerfender Handbewegung.
»Lies mal das Buch von Professor Y., das vor vier Wochen herauskam! Das ist der neueste Stand der Wissenschaft.«
»Und wie lange wird es dauern, bis der überholt ist?«

Nutzen

Zwei Theologieprofessoren unterhalten sich über das soeben erschienene dreibändige Werk ihres Kollegen Prof. Dr. theol. Dr. phil. Dr. jur. can. Paphnutius Fixlein: »Das Los der ungetauft verstorbenen Kinder mit besonderer Berücksichtigung der Lehre der griechischen, syrischen und armenischen Kirchenväter.«
»Wer wird *das* lesen?« sagt der eine. »Nicht einmal die drei oder vier Spezialisten.«
»Schmälere nicht Fixleins Verdienst«, versetzte der andere. »Immerhin weiß Gott jetzt, wie er sich in diesen schwierigen Fällen zu verhalten hat.«

Überflüssige Fragen

A.: »Was hat Gott vor der Schöpfung gemacht?«
B.: »Er bereitete eine Hölle vor für Leute, die solch neugierige Fragen stellen.«

Entgegenkommend

König Ludwig XIV. von Frankreich wollte von Krankheit und Tod nichts hören.
Als einmal an seiner Tafel der Schriftsteller Boileau unbedacht die Äußerung tat, alle Menschen müßten sterben, blickte ihn der König mit grimmigem Stirnrunzeln an. »*Fast* alle, Majestät«, verbesserte sich Boileau sogleich, »fast alle Menschen.«

Entlarvte Redensart

Léon Bloy erzählt:
Ein junger Bürger führte mich einmal vor die seit einigen Stunden feierlich aufgebahrte Leiche seines Schwiegervaters. Man hatte die Todesanzeigen bereits versandt und alles für das Begräbnis vorbereitet, das am folgenden Tag stattfinden sollte.
»Sieht er nicht aus, als ob er schlafe?« sagte der Schwiegersohn.

Ich hatte gute Lust, den Schwachkopf zu ohrfeigen, aber nach einem aufmerksamen Blick erkannte ich, daß ich eine Art Dämon vor mir hatte. Die Freude, ein paar Sous zu erben, war ihm trotz aller Bemühungen anzumerken. ›Wer einmal so daliegt‹, dachte er wohl, ›der steht so bald nicht wieder auf.‹

Nachdem ich still ein De profundis gebetet, beeilte ich mich, aus dem Dunstkreis des Erben zu kommen. Da hob der Tote die Hand an die Stirn und öffnete die Augen.

Mit einer Geistesgegenwart, die mich noch heute in Erstaunen setzt, löschte ich blitzschnell die Kerzen und ließ den ganzen Leichenpomp verschwinden. Dann wandte ich mich dem Schwiegersohn zu, der einen Schrei ausgestoßen hatte und dessen erstarrte Fratze einem Höllenbewohner anzugehören schien.

»Holen Sie Ihre Frau«, sagte ich. »Ihr Schwiegervater hat, wie Sie sehen, ausgeschlafen.«

Freudentänze

Als sein Sohn gestorben war, ging Rabbi Levi Jizchak von Berditschew tanzend hinter der Bahre. Einige Fromme brachten es nicht über sich, ihr Befremden nicht zu äußern. Er versetzte:

»Eine reine Seele hatte Gott mir übergeben; eine reine Seele erstatte ich zurück.«

Als eine Nonne gestorben war, untersagte die Oberin Teresa von Avila Trauergesänge, komponierte freudige Lieder und sang sie, während sie mit den Schwestern den Sarg umtanzte.

Fröhlicher Tod

Es ist ein fröhlich Ding um eines Menschen Sterben.
Es freuen sich darauf die gerne-reichen Erben;
Die Priester freuen sich, das Opfer zu genießen;

Die Würmer freuen sich an einem guten Bissen;
Die Engel freuen sich, die Seele 'nauf zu führen;
Der Teufel freuet sich, wenn sie will ihm gebühren.
(Friedrich von Logau)

Wieviel Erde braucht der Mensch?

Der Totengräber erhält einen Auftrag:
»Übermorgen wird beerdigt Herr Minister a. D., o. ö. Prof., Dr. Dr. Dr. h. c. Bodo Schmettau von Knallwitz und Matschenwiese, Träger des Großen Bundesverdienstkreuzes mit Schulterband und Stern, Komtur des Päpstlichen Ordens vom heiligen Gregorius, Ritter des Eisernen Kreuzes Erster Klasse und vieler anderer hoher Orden. Schaufeln Sie das Grab!«
»Jawohl. Doppelt so breit?«

Endgültig

Wieder einmal war das Gesangbuch reformiert worden. Ein Bauer aus der Uckermark sagte zum Oberkonsistorialrat Theremin:
»Dat gefallt mi nich, dat so veel drinne anders maket is. Da is mi ein Lied besonders leev, darinne steit: Der Tod is tot, das Leben lebet. Und davör stit in dem nüen Gesangboke: Der Tod entflieht, das Leben sieget.«
Theremin: »Das ist doch, dächt' ich, ebenso gut. Bedenk Er nur: Der Tod entflieht – ist das denn nicht wahr und schön?«
»Ne, Herr Oberkon, da künne wi us gar nich mit tofreden geven. Denn wenn de Dod flücht, so kann he weder kommen. Dat is aber nich wahr.«

Vita mutatur non tollitur

A.: Hast du schon gehört? Müller ist tot.
B.: Er ist nicht tot. Er hat seine Lebensweise geändert.

Unterscheidung der Geister

Ein französischer Pfarrer pflegte seine Predigten aus den gedruckten Sammlungen berühmter Kanzelredner zusammenzustellen. Eines Tages nahm ein weißhaariger Fremder nahe seiner Kanzel Platz. Kaum hatte der Prediger den dritten Satz vollendet, als der Fremde vernehmlich sagte:

»Das ist von Massillon!«

Der Pfarrer runzelte die Stirn, fuhr aber fort. Nach ein paar weiteren Sätzen bemerkte der Fremde:

»Das ist von Bourdaloue!«

Der Prediger biß sich auf die Lippen, fuhr aber fort. Bald wurde er wieder unterbrochen:

»Das ist von Bossuet!«

Das war zu viel! Der Pfarrer beugte sich über den Kanzelrand und schrie den Fremden an:

»Vermaledeiter, halt's Maul!«

Der weißhaarige Fremde blickte dem Prediger ruhig ins Gesicht und stellte trocken fest:

»*Das* ist von Ihnen.«

». . . und deinen Nächsten wie dich selbst«

Die zwei Brüder Roger und Félix können sich über das Teilen der väterlichen Erbschaft nicht einigen. Ein Testament fehlt. Sie gehen zum Bürgermeister und bitten ihn um Rat. Seinem Spruch versprechen beide sich zu beugen.

Der Bürgermeister denkt eine Weile nach.

Dann spricht er.

»Ich gebe Roger Vollmacht, die Erbschaft nach seinem Gutdünken zu teilen.«

Roger lächelt, Félix macht eine protestierende Geste.

Doch der Bürgermeister fährt fort:

»Und Félix gebe ich die Vollmacht, als erster seinen Teil zu wählen.«

Vorsehung

Ausnahme

Drei anglikanische Theologen sprechen über die göttliche Vorsehung.
Der erste erklärte entschieden: »Es gibt nur eine allgemeine Vorsehung, keine spezielle, die den Lebensgang des einzelnen Menschen bestimmt.«
Der zweite bekannte: »Ich glaube an eine spezielle Vorsehung.«
Der dritte rief: »Ich auch – aber nicht bei meiner Tante!«

Kann vorkommen

»Der Mensch denkt – Gott lenkt.«
Dieses Sprichwort sollte ein Ausländer in einem Kursus für deutsche Sprache in die Vergangenheit umformen.
Er löste die Aufgabe so:
»Der Mensch dachte – und Gott lachte.«

Gefährlich

Ein Pastor macht mit einer Gruppe seiner Pfarrgemeinde eine Bootsfahrt auf dem Erie-See. Ein Sturm kommt auf, es blitzt und donnert, das Schiff wird von den Wogen hin und her geworfen.
Ein Herr sieht den Geistlichen kreidebleich und zitternd und spricht ihn beruhigend an:
»Aber Pastor! Sie predigten doch neulich so schön darüber, daß wir immer und überall in Gottes Hand stehen.«
Der Pastor sprach mit Angst im Blick:
»Ja eben.«

Weihe

Nicht Tabu

»Mutter«, sagt der Primiziant, »von jetzt an darfst du mich nicht mehr hauen. Ich bin jetzt geweiht, und wer geweihte Personen schlägt, begeht ein Sakrileg.«
»Jung«, erwidert die Mutter, »ich weiß noch 'ne Stelle, wo du nicht geweiht bist.«

Weihrauch

Abgeblitzt

Beim feierlichen Hochamt war es früher üblich, daß alle an der Liturgie Beteiligten beweihräuchert wurden.
Bischof Van der Velde von Aachen wollte diese lange Zeremonie abkürzen und ordnete an, die Domkapitulare nicht einzeln, sondern in ›cumulo‹ zu inzensieren.
Einer der Domherren, ein ziemlich umfangreicher Herr, der in dieser Änderung eine Einbuße seiner Würde erblickte, drehte dem Weihrauchfaß ostentativ den Rükken.
Da hörte man die Stimme des Bischofs durch den Chor: »Jeräucherter Schinken.«

Weltheiligung

Bete und arbeite

Rabbi Lev Jizchak von Berditschew sah einen Fuhrmann, der, zum Morgengebet mit Tallith und Tefillin angetan, die Räder seines Wagens schmierte.
Entrüstete sich der Rabbi? I wo!
»Herr der Welt«, rief er begeistert aus, »schau dir diesen Mann an, schau die Frömmigkeit deines Volkes an! Auch noch wenn sie die Wagenräder schmieren, gedenken sie deines Namens!«

Wunder

Wunder und Naturgesetze

Zu Israel ben Elieser, dem heiligen Baalschem, kam ein Naturforscher und sagte:
»Meine Forschungen haben ergeben, daß in jener Stunde, als die Israeliten durch das Schilfmeer zogen, es sich von Natur aus spalten mußte.«
Der Baalschem antwortete:
»Weißt du nicht, daß Gott die Natur erschaffen hat? Er hat sie so erschaffen, daß in jener Stunde, als die Israeliten durch das Schilfmeer zogen, es sich spaltete. Das ist das berühmte Wunder.«

Unmodern

»Wunder sind aus der Mode gekommen«, sagt ein Kaplan in einem schottischen Pfarrhaus. »Wenn sich eins im Schlafzimmer unseres hochwürdigsten Herrn Bischofs ereignen würde, täte Seine Gnaden alles, um den ungehörigen Vorfall zu vertuschen.«

Zweifel

Ein General, der ein großer Zweifler war, so sehr Zweifler, daß er auch an seinem Zweifel zweifelte, betete vor einer Schlacht während des Siebenjährigen Krieges:
»Herr Gott, wenn es einen gibt, bewahre meine Seele, wenn ich eine habe.«

Umsonst zu haben

Ein Mann kommt zu Don Bosco zur Beichte.
»Meine letzte Beichte war vor zehn Jahren.«

»Das macht 200 Lire.«
»Wie, ich dachte, das Beichten sei gebührenfrei?«
»Das haben Sie gewußt? Und sind trotzdem so lange nicht gekommen?«

Namenregister